Peter Glatz · Andreas Thiel

Neue Reifeprüfung schriftlich

Latein

Informationen und Übungen

VER1TAS

Gemeinsam besser lernen

Inhalt

4 Beurteilungsblätter der ÜT

Übersetzungen der Texte und Lösungen der Arbeitsaufgaben zu den IT
►► http://neue-reifepruefung-latein.veritas.at

Liebe Schülerin, lieber Schüler!

Das Buch, das Sie in Händen halten, bereitet Sie auf die schriftliche Reifeprüfung vor. Ab 2015 (im Schulversuch schon ab 2013) bestehen die zentral erstellten Klausuren der Reifeprüfung in Latein aus zwei voneinander unabhängigen Texten, einem Übersetzungstext („ÜT") und einem Interpretationstext („IT"). Die zentrale Aufgabenstellung der Klausuren erfordert von den Lateinschülerinnen und -schülern beim **ÜT** den Nachweis der **Übersetzungskompetenz**, beim **IT** den Nachweis folgender weiterer **Kompetenzen** im Umgang mit Texten:

1. Sammeln und Auflisten
2. Gliedern und Strukturieren
3. Zusammenfassen und Paraphrasieren
4. Gegenüberstellen und Vergleichen
5. Belegen und Nachweisen (nur für L6)
6. Sich Auseinandersetzen und Stellungnehmen
7. Kreatives Bearbeiten und Gestalten

Zur Bearbeitung stehen 270 Minuten zur Verfügung. Der Umfang der standardisierten kompetenzorientierten Reifeprüfung (SKRP) ist der folgenden Tabelle zu entnehmen:

	ÜT + IT	ÜT	IT	Zahl der Arbeitsaufgaben
Reifeprüfung L4	190–210 Wörter	110–130 Wörter	80–100 Wörter	10
Reifeprüfung L6	200–220 Wörter	120–140 Wörter	80–100 Wörter	10
Punktevergabe	60	36 (60%)	24 (40%)	

Für das Erreichen einer positiven Beurteilung sind mehr als 50% der Punkte nötig. Für die Noten ergibt sich folgende Punkteverteilung:

53–60 Punkte	45–52 Punkte	37–44 Punkte	30–36 Punkte	<30 Punkte
Sehr gut	Gut	Befriedigend	Genügend	Nicht genügend

Tipps zur Bearbeitung der Aufgaben

- Sowohl bei den Übersetzungstexten als auch bei den Interpretationstexten ist es sehr wichtig, dass Sie die vorangestellten deutschen Einleitungen sorgfältig durchlesen. Sie enthalten für das Textverständnis notwendige Informationen.

- Beachten Sie die sprachlichen Kommentare in der Spalte rechts neben dem lateinischen Originaltext und die Sachangaben darunter!

- Eine hohe Kompetenz im Umgang mit dem Wörterbuch erleichtert Ihnen die Übersetzung der Texte entscheidend.

- Folgende historische Persönlichkeiten, Götter, Heroen, Orte, Völker, Stämme und Stadtbewohner werden vorausgesetzt und daher nicht kommentiert:

  Alexander, Hannibal, Caesar, Cleopatra, Augustus, Nero, Cicero, Vergilius, Ovidius, Seneca,

Jesus (Christus), 12 Olympier außer Vesta, Bacchus, Musae (Sammelbegriff), Achilles, Hercules, Aeneas, Romulus, Maria, Roma, Carthago/Karthago, Athenae, Troia, Creta, Italia, Sicilia, Gallia, Germania, Graecia, Britannia, Romani, Galli, Germani, Graeci, Troiani, Persae.

Bei metonymischem Gebrauch oder bei Sonderfunktionen werden die genannten Begriffe dennoch erläutert[1].

- Es gibt grundsätzlich zwei Zugänge zur Lösung der Arbeitsaufgaben zum IT:
  - Übersetzung des IT als Basis für die Lösung der Arbeitsaufgaben
  - Texterschließung ausgehend von den Arbeitsaufgaben

  Welche dieser beiden Methoden Sie wählen, ist Ihnen selbst überlassen. Die Feldtestungen zur neuen Reifeprüfung haben gezeigt, dass es nicht nur einen einzigen Lösungsweg gibt. Der zeitliche Rahmen der Reifeprüfung (270 Minuten) lässt beide Texterschließungsstrategien zu.

- Wenn Sie genauere Informationen zum nötigen Basiswissen und den Kompetenzen, welche bei der schriftlichen Reifeprüfung überprüft werden, haben wollen, beschaffen Sie sich das Kompetenzmodell für Latein vom offiziellen Gegenstandsportal im Auftrag des BMBWF https://latein.edugroup.at oder von der Homepage des BMBWF[2]!

Aufbau der Aufgabensammlung

- Der erste Abschnitt enthält vier Übersetzungstexte (durch einen grünen Balken gekennzeichnet), drei für L4 (also das vierjährige Latein ab der 5. Klasse) und einen für L6 (das sechsjährige Latein ab der 3. Klasse).

- Der zweite Abschnitt bietet sechs Interpretationstexte (durch einen blauen Balken gekennzeichnet), vier für L4 und zwei für L6. Zur leichteren Bearbeitung können die Interpretationstexte aus dem Buch herausgetrennt werden.

- Die Wortzahlen sowohl der ÜT als auch der IT in den ersten beiden Abschnitten sind bewusst so gestaltet, dass jeweils innerhalb von L4 bzw. L6 jede Kombination von ÜT und IT möglich ist. Somit kann das Übungsmaterial auf die individuelle Unterrichtssituation bzw. auf individuelle Bedürfnisse abgestimmt werden.

- Der dritte Abschnitt präsentiert vier **fertig ausgearbeitete Maturabeispiele**, drei für L4 und eines für L6.

- Die Texte wurden so ausgewählt, dass sie einen exemplarischen Einblick in den Reichtum der lateinischen Literatur Europas bieten.

- Die **Korrekturblätter** für die ÜT (ÜT 1 bis ÜT 8) befinden sich nach den fertig ausgearbeiteten Maturabeispielen.

- Die **Lösungen** der Aufgabenstellungen der IT (IT 1 bis IT 10) sowie die Übersetzungen der Texte (ÜT und IT) werden online unter http://neue-reifepruefung-latein.veritas.at zur Verfügung gestellt.

- Abschließend folgen ein Ausblick auf die neue **mündliche kompetenzorientierte Reifeprüfung**, eine Auflistung der verwendeten **Abkürzungen** sowie eine **Literatursammlung** zum Thema.

---

1 Das aktuelle Dokument „Vorausgesetztes Sachwissen Latein & Griechisch" finden Sie unter
https://www.matura.gv.at/downloads/download/vorausgesetztes-sachwissen-griechisch-latein.

2 https://www.matura.gv.at/downloads/download/kompetenzmodell-latein. Weitere Informationen zur Reifeprüfung in Latein finden Sie
unter https://www.matura.gv.at/?id=105.

Tipps für Lehrende

Die vorliegende Aufgabensammlung zur schriftlichen standardisierten kompetenzorientierten Reifeprüfung (SKRP) aus Latein basiert auf dem im Auftrag des BMBWF von der Arbeitsgruppe „Consensus NEU" formulierten Kompetenzmodell für die SKRP aus Latein (vier- und sechsjährig[2]) und auf den Rechtsgrundlagen[3], welche auf der Homepage des BMBWF veröffentlicht sind. Sie versteht sich als Übungsbuch für Lernende und als Anregung für Lehrende.

Die Prüfungsformate folgen dem Grundsatz aktueller Prüfungsdidaktik, dass verschiedene Kompetenzen möglichst nicht anhand ein und derselben Fragestellung abgeprüft werden dürfen. Die formale Gestaltung der Arbeitsanweisungen orientiert sich an den vom BMBWF zur Verfügung gestellten Vorlagen[4]. Geschlossene und offene Aufgabenstellungen stehen in etwa im Verhältnis 2/3 zu 1/3[5]. Die Wortanzahl der gewählten Texte entspricht den Vorgaben der Rechtsgrundlagen[6].

- Bei der künftigen SKRP wird der ÜT häufig aus literarischen Werken stammen, die im vorausgehenden Lateinunterricht nicht behandelt wurden. Große Bedeutung kommt daher der Erstellung der Einleitung zu, in der der historische und gattungsspezifische Hintergrund des Textes erläutert wird. Weisen Sie Ihre Schülerinnen und Schüler immer wieder auf die Wichtigkeit der sorgfältigen Lektüre der Einleitung hin!

- Setzen Sie die formalen Vorgaben für die Reifeprüfung bereits bei den Schularbeiten um! Die Schülerinnen und Schüler müssen rechtzeitig auch im Detail mit der formalen Gestaltung vertraut gemacht werden[7].

- Über das offizielle Gegenstandsportal im Auftrag des BMBWF https://latein.edugroup.at erhalten Sie immer die topaktuellen Informationen zu den Themen Reifeprüfung und Leistungsbeurteilung NEU (vgl. S. 79).

Viel Erfolg bei der Arbeit mit der vorliegenden Aufgabensammlung!

Peter Glatz und Andreas Thiel

---

3 https://www.matura.gv.at/downloads/download/kompetenzmodell-latein. Weitere Informationen zur Reifeprüfung in Latein finden Sie unter https://www.matura.gv.at/?id=105.

4 Zu den Unterschieden zwischen den Kompetenzmodellen für vierjähriges und sechsjähriges Latein vergleiche die Rechtsgrundlagen und Leitlinien zur kompetenzorientierten Leistungsfeststellung und Leistungsbeurteilung in den klassischen Sprachen Latein und Griechisch (Fassung vom 01.09.2017), https://www.matura.gv.at/downloads/download/consensus, S. 14–25. Auf den Seiten 32–49 der Rechtsgrundlagen finden Sie das besonders wichtige Kapitel „Die Gestaltung von Schularbeiten in Latein und Griechisch".

5 Bausteine zum Erstellen von Schularbeiten (ÜT + IT), https://www.matura.gv.at/downloads/download/bausteine-zum-erstellen-von-schularbeiten-uet-und-it (Fassung 26.02.2019) Das Dokument bietet auch Vorgaben bzw. Vorschläge für die Korrektur und Bewertung der einzelnen Aufgabenstellungen nach dem Muster der neuen schriftlichen Reifeprüfung. Die Formulierungen der Arbeitsaufgaben werden immer wieder leicht adaptiert. Die vorliegende Fassung entspricht nicht in jedem Detail dem letzten Stand der Bausteine vom Februar 2019.

6 Zum Unterschied zwischen offenen und geschlossenen Aufgaben siehe Rechtsgrundlagen, S. 45. Das Verhältnis 2/3 zu 1/3 bezieht sich auf die Anzahl der Aufgaben, nicht auf die zu vergebenden Punkte.

7 Rechtsgrundlagen , S. 39; In die Wortanzahl einzurechnen sind in Anmerkungen ergänzte lateinische Wörter. Als Wort zählt, was zwischen zwei Leerzeichen steht.

8 Hermann Niedermayr, Anna Pinter: Herausforderungen der neuen Reifeprüfung – Tipps für eine zielführende Vorbereitung, in: Latein Forum 76/2012, S. 1–14.

Übersetzen Sie die zwei folgenden lateinischen Texte in die Unterrichtssprache! Achten Sie darauf, dass Ihre Übersetzung den Inhalt der Originale wiedergibt und sprachlich korrekt formuliert ist!　　　　　　　　　　　　　　　　　　　　　　　　　　　　**36P.**

Einleitung: In der folgenden Fabel denkt Phädrus über das Dasein des Menschen als Mängelwesen nach und zieht daraus seine Schlüsse.

1　Arbitrio si natura finxisset meo

2　genus mortale, longe foret[1] instructius.　　　　　　　　　1 **foret** = esset

3　Nam cuncta nobis attribuisset commoda,

4　quaecumque indulgens Fortuna[a] animali dedit:

5　elephanti vires et leonis impetum,

6　cornicis aevum, gloriam tauri trucis[2],　　　　　　　　　2 **trux**, trucis: grimmig

7　equi velocis placidam mansuetudinem.

8　Et adesset homini sua tamen sollertia.

9　Nimirum in caelo secum ridet Iuppiter,

10　haec qui negavit magno consilio[3] homini,　　　　　　　3 **magnum consilium** n.: weise Einsicht

11　ne sceptrum mundi raperet summa audacia.

12　Ergo contenti munere invicti Iovis

13　fatalis[4] annos decurramus[5] temporis;　　　　　　　　　4 **fatalis**, -e: vom Schicksal gegeben
　　　　　　　　　　　　　　　　　　　　　　　　　　　　　5 **decurramus** (Konj. Präs.): lasst uns …

14　nec plus conemur[6] quam sinit mortalitas.　　　　　　　6 **conemur** (Konj. Präs.): lasst uns …

Einleitung: In folgendem Text – letztlich eher ein Witz als eine Fabel – geht Phädrus mit fehlender Selbsteinschätzung hart ins Gericht.

15　Aesopo[b] quidam scripta recitarat[7] mala,　　　　　　　7 **recitarat** = recitaverat

16　in quis[8] inepte multum se iactaverat.　　　　　　　　　8 **quis** = quibus

17　Scire ergo cupiens, quidnam sentiret senex,

18　„Numquid tibi" inquit „visus sum superbior?

19　Haud vana[9] nobis ingeni[10] fiducia est."　　　　　　　9 **vanus** 3: unbegründet
　　　　　　　　　　　　　　　　　　　　　　　　　　　　　10 **ingeni** = ingenii

20　Confectus[11] ille pessimo volumine,　　　　　　　　　　11 **conficio** 3M, -feci, -fectus: *hier* erschöpfen, aufreiben

21　„Ego", inquit „quod te laudas, vehementer probo;

22　namque hoc ab alio numquam continget tibi."

a　**Fortuna**, -ae f.: Schicksalsgöttin, Schicksal

b　**Aesopus**, -i m.: Äsop (griechischer Fabeldichter)

Übersetzen Sie den folgenden lateinischen Text in die Unterrichtssprache! Achten Sie darauf, dass Ihre Übersetzung den Inhalt des Originals wiedergibt und sprachlich korrekt formuliert ist! **36P.**

<u>Einleitung</u>: Francesco Petrarca (1304–1374), ein italienischer Dichter und Geschichtsschreiber, stand an der Schwelle vom Mittelalter zur Neuzeit und gilt als Mitbegründer der Epoche des Humanismus. In einem Brief an Francesco Dionigi beschreibt er die Besteigung des Mont Ventoux in der Provence. Seine rein touristische Motivation dabei macht Petrarca auch zum Vater des modernen Alpinismus. In der folgenden Passage berichtet Petrarca von den Schwierigkeiten bei der Auswahl eines passenden Bergkameraden.

1 Sed de socio cogitanti[1] vix amicorum quisquam omni[2] ex parte[2]	1 <mihi> **cogitanti** 2 **omni ex parte**: in jeder Beziehung
2 idoneus[3] videbatur: Adeo etiam inter caros exactissima[4] illa	3 **idoneus** <esse> 4 **exactus** 3: vollkommen
3 voluntatum omnium morumque concordia rara est. Hic segnior, ille	
4 vigilantior[5]; hic tardior, ille celerior; hic maestior, ille laetior; denique	5 **vigilantior** <est>; vigilans, -ntis: aufgeweckt
5 hic stultior, prudentior ille, quam vellem; huius silentium, illius	
6 procacitas; huius pondus ac pinguedo[6], illius macies atque	6 **pinguedo**, -inis f.: Fettleibigkeit
7 imbecillitas terrebat; huius frigida incuriositas[7], illius ardens	7 **incuriositas**, -atis f.: Teilnahmslosigkeit
8 occupatio[8] dehortabatur[9]; Quae, quamquam gravia[10], tolerantur	8 **occupatio**, -onis f.: *hier* Eifer 9 **dehortor** 1: abraten 10 **gravia** <sunt>
9 domi[11], verum haec eadem fiunt in itinere graviora. Itaque delicatus[12]	11 **domi**: zu Hause 12 **delicatus** 3: wählerisch 13 **libro** 1: *hier* überlegen, erwägen
10 animus librabat[13] singula sine ulla quidem amicitiae laesione.	
11 Tandem ad domestica vertor auxilia, germanoque[a] meo unico,	
12 minori natu, quem probe nosti[14], rem aperio. Nil poterat laetius	14 **nosti** = novisti
13 audire gratulatus, quod apud me amici simul ac fratris teneat locum.	

a   **germanus**, -i m.: Bruder (gemeint ist Gherardo Petrarca)

Übersetzen Sie den folgenden lateinischen Text in die Unterrichtssprache! Achten Sie darauf, dass Ihre Übersetzung den Inhalt des Originals wiedergibt und sprachlich korrekt formuliert ist! **36P.**

<u>Einleitung</u>: Der berühmte Rhetoriklehrer M. Fabius Quintilianus äußert sich in seiner *Institutio oratoria* mit zeitlosen Gedanken über die Erziehung und den Unterricht von jungen Menschen.

1 Mollis illa educatio, quam indulgentiam vocamus, nervos[1] omnes

2 mentis et corporis frangit. Quid non adultus concupiscet, qui in

3 purpuris repit[2]? Nondum verba exprimit[3], iam coccum[a] intelligit,

4 iam conchylium[b] poscit. Ante[4] palatum eorum quam[4] os instituimus[5].

5 Gaudemus, si quid licentius dixerint: verba risu et osculo excipimus[6].

6 Fit ex his consuetudo, inde natura. Discunt haec miseri, antequam

7 sciant ea vitia esse. Non accipiunt ex scholis mala ista, sed in scholas

8 adferunt.

9 Neque solum debebit docere praeceptor, sed frequenter interrogare

10 et iudicium[7] discipulorum experiri. Sic audientibus securitas[8] aberit

11 nec, quae[9] dicentur, superfluent[10] aures: simul ad id perducentur, ut

12 inveniant ipsi et intellegant. Nam quid aliud agimus[11] docendo eos,

13 quam ne semper docendi sint? In omnibus[12] fere[12] minus valent

14 praecepta quam experimenta.

1 **nervus**, -i m.: *hier* Stärke

2 **repo** 3, repsi: (als Kleinkind) krabbeln
3 **exprimo** 3, -pressi, -pressus: herausbringen, sagen können
4 **ante ... quam**: eher ... als
5 **instituo** 3, -stitui, -stitutus: schulen
6 **excipio** 3, -cepi, -ceptus: aufnehmen, vernehmen

7 **iudicium**, -i n.: Urteilsfähigkeit
8 **securitas**, -atis f.: *hier* Unaufmerksamkeit
9 <ea,> **quae**
10 **superfluo** 3: *hier* überbeanspruchen
11 **ago** 3, egi, actus: *hier* auf etwas hinarbeiten, anstreben
12 **omnibus fere** <rebus>

a **coccum**, -i n.: Scharlach (ein teurer Farbstoff)
b **conchylium**, -i n.: Purpur (als Farbe Zeichen von Wohlstand und gehobenem gesellschaftlichem Rang)

Übersetzen Sie den folgenden lateinischen Text in die Unterrichtssprache! Achten Sie darauf, dass Ihre Übersetzung den Inhalt des Originals wiedergibt und sprachlich korrekt formuliert ist!   **36P.**

<u>Einleitung</u>: Alexander der Große (356–323 v. Chr.) war mit 20 Jahren König geworden und hatte einen Lebenstraum: den Sieg über die Perser. Im Winter 334/333 v. Chr. führte er seine Truppen zur Stadt Gordium in Phrygien, um dort das Winterlager aufzuschlagen.

1 Alexander[a] urbe in dicionem suam redacta Iovis templum intrat.

2 Vehiculum, quo[1] Gordium[b] vectum esse constabat[1], aspexit cultu[2]

3 haud sane a vilioribus[3] abhorrens[4]. Notabile erat iugum[c] adstrictum

4 compluribus nodis in semetipsos implicatis et celantibus nexus[5].

5 Incolis deinde adfirmantibus editam esse oraculo sortem Asiae[6]

6 potiturum[6], qui inexplicabile vinculum solvisset, cupido incessit

7 animo sortis[7] eius explendae[7]. Circa regem erat et Phrygum[d] turba

8 et Macedonum[e], illa expectatione suspensa[8], haec sollicita ex

9 temeraria regis fiducia: quippe serie vinculorum ita adstricta, ut[9],

10 unde nexus[10] inciperet quove se conderet, nec ratione nec visu

11 perspici posset[9], solvere[11] adgressus iniecerat[12] curam[12] ei, ne in[13]

12 omen verteretur[13] inritum inceptum. Ille nequaquam diu luctatus[14]

13 cum latentibus nodis „Nihil" inquit „interest, quomodo solvantur",

14 gladioque ruptis omnibus loris oraculi sortem vel elusit vel implevit.

1 **quo ... constabat**: mit dem, wie feststand, …
2 **cultus**, -us m.: Ausstattung
3 **vilioribus** <vehiculis>
4 **abhorreo** 2: *hier* sich unterscheiden
5 **nexus**, -us m.: *hier* Knotenende
6 **Asiae** <eum> **potiturum** <esse>

7 **sortis eius explendae**: diesen Orakelspruch in Erfüllung gehen zu lassen
8 **suspensus** 3: gespannt
9 Konstruktionshilfe: **ut, nec ratione ... perspici posset, unde ...**
10 **nexus**, -us m.: *hier* Knoten

11 **solvere**: *hier* zur Lösung des Rätsels
12 **inicere curam** (+ Dat.): seine Sorge (auf etwas) richten
13 **in omen vertere**: als schlechtes Vorzeichen auslegen
14 **luctor** 1: sich abmühen

a **Alexander**, -ndri m.: Alexander der Große (356–323 v. Chr.)
b **Gordius**, -i m.: Gordius (Gründer der Stadt Gordium)
c **iugum**, -i n.: Joch (ein aus Riemen geschnürtes Zuggeschirr, mit dem Tiere vor einen Wagen gespannt werden)
d **Phryges**, -um m. Pl.: Phryger
e **Macedones**, -um m. Pl.: Makedonier

Der folgende Interpretationstext ist Grundlage für die Lösung der zehn Arbeitsaufgaben (▶ S. 19–22). Lesen Sie zuerst sorgfältig die Aufgabenstellungen und lösen Sie diese dann auf der Basis des Interpretationstextes!

<u>Einleitung</u>: Bischof Marbod von Rennes (1035–1123) war bekannt für seine Liebesdichtung, deren Grundlage auch persönliche Erfahrung gewesen sein dürfte. Seine Liebesgedichte sind sowohl aus der Perspektive der Frauen als auch der Männer verfasst.

1 PUELLA AD AMICUM MUNERA PROMITTENTEM

2 Gaudia nimpharum[1], violas floresque rosarum,

3 lilia candoris, miri quoque poma saporis

4 parque columbarum, quibus addita[2] mater earum,

5 vestes purpureas, quibus exornata Napaeas[a]

6 vincere tam possim[3] cultu, quam transeo[4] vultu[5],

7 insuper argentum, gemmas promittis et aurum.

8 Omnia promittis, sed nulla tamen mihi mittis.

9 Si me diligeres et, quae promittis, haberes,

10 res praecessissent et verba secuta[6] fuissent[6].

11 Ergo vel est fictus nesciusque cupidinis ictus[7]

12 vel verbis vanis es dives[8], rebus inanis.

13 Quod si[10] multarum sis plenus divitiarum,

14 rusticus[11] es, qui me tua[12], non te credit amare.

---

1 **nimpha** = nympha

2 **addita** <est>

3 **possim**: ich könnte
4 **transeo**, -is, -ire: *hier* übertreffen
5 **vultus**, -us m.: *hier* Aussehen, Gestalt

6 **secuta fuissent** = secuta essent

7 **cupidinis ictus**: Sturm der Leidenschaft

8 **dives**, -itis (+ Abl.): reich (an)
9 **inanis**, -e (+ Abl.): arm (an)
10 **quod si**: wenn nun

11 **rusticus**, -i m.: Bauerntölpel
12 **tua**, -orum n. Pl.: dein Besitz

---

a **Napaeae**, -arum f. Pl.: Talnymphen

Der folgende Interpretationstext ist Grundlage für die Lösung der zehn Arbeitsaufgaben (▶ S. 23–26). Lesen Sie zuerst sorgfältig die Aufgabenstellungen und lösen Sie diese dann auf der Basis des Interpretationstextes!

<u>Einleitung</u>: Tacitus (58–ca. 120), römischer Historiker und scharfer Kritiker der von Augustus begründeten Staatsform des Prinzipats, zeichnet in seinem Geschichtswerk ein sehr dunkles und bedrohliches Bild des julisch-claudischen Kaiserhauses. Kaiser Nero, dessen letzter Vertreter, stand ab 59 n. Chr. unter dem Einfluss seiner neuen Liebe, Poppaea Sabina, deren Eigenschaften Tacitus in folgendem Porträt beschreibt.

1 Erat in civitate Sabina[a] Poppaea[a], T. Ollio[b] patre genita, sed nomen

2 avi materni sumpserat, inlustri memoria Poppaei Sabini[c], consulari

3 et triumphali decore praefulgentis[1]. Nam Ollium[b] honoribus[2]

4 nondum functum[2] amicitia Seiani[d] pervertit. Huic mulieri cuncta

5 alia fuere[3] praeter honestum animum. Quippe mater eius, aetatis

6 suae feminas pulchritudine supergressa[4], gloriam pariter et formam

7 dederat. Opes claritudini generis sufficiebant[5]. Sermo comis nec

8 absurdum[6] ingenium: modestiam praeferre[7] et lascivia uti[7]. Famae

9 numquam pepercit, maritos et adulteros non distinguens; neque

10 adfectui suo aut alieno obnoxia[8], unde utilitas ostenderetur, illuc

11 libidinem transferebat.

1 **praefulgeo** 2, -fulsi: sich auszeichnen

2 **honoribus fungi**.: Staatsämter bekleiden

3 **fuere** = fuerunt

4 **supergredior** 3M, -gressus sum: übertreffen

5 **sufficio** 3M, -feci, -fectus: genügen, entsprechen

6 **absurdum** <erat>; **absurdus** 3: unintelligent

7 **praeferre, uti** (historische Inf. statt Imperf. 3. P. Sg.)

8 **obnoxius** 3: ergeben, abhängig

---

a **Poppaea Sabina**: Geliebte und später Ehefrau von Kaiser Nero

b **T. Ollius**: Titus Ollius (Vater der Poppaea Sabina)

c **Poppaeus Sabinus**: Großvater der Poppaea Sabina

d **Seianus**, -i m.: Lucius Aelius Seianus (ein einflussreicher Prätorianerpräfekt unter Kaiser Tiberius, den Tacitus generell sehr negativ darstellt)

Der folgende Interpretationstext ist Grundlage für die Lösung der zehn Arbeitsaufgaben (► S. 27–30). Lesen Sie zuerst sorgfältig die Aufgabenstellungen und lösen Sie diese dann auf der Basis des Interpretationstextes!

<u>Einleitung</u>: Heinrich Steinhöwel (1412–1482), ein deutscher Humanist und Übersetzer, bietet folgende lateinische Fassung der Fabel vom Fuchs und vom Bock des griechischen Dichters Aesop:

1 Vulpes et hircus sitientes in quendam puteum[1], ut sitim extin-

2 guerent, descenderunt, verum[2] post potum[3], cum egressum[4] cir-

3 cumspiceret hircus, vulpes ait: „Bono sis animo, nam quid saluti

4 nostrae opus sit, animadverti. Si enim rectus stabis, tuas scapulas

5 cornuaque conscendens exibo. Cumque egressa[5] fuero[5], te manu

6 comprehendens desuper traham"; huic caper deservivit. Vulpes suo

7 exultans egressu hirco alludebat. At dum caper illam incusat sibi[6]

8 pacta[6] haud servasse[6], ei vulpecula inquit: „Si sapientia praeditus

9 esses, non prius[7] descendisses, quam[7] egressum[4] vidisses."

10 Significat ergo fabula, quod prudentes prius[7] finem rei prospiciunt,

11 quam[7] opus inierint[8].

1 **puteum**, -i n.: Brunnen

2 **verum** (Adv.): aber
3 **potus**, -us m.: Trinken, Trunk
4 **egressus**, -us m.: Ausgang

5 **egressa fuero** = egressa ero; (Fut. ex. 1. P. Sg., als Präs. zu übersetzen)

6 **sibi pacta servare**: die Vereinbarung mit ihm einhalten; **servasse** = servavisse

7 **prius … quam**: eher … als

8 **inierint** (Fut. ex. 3. P. Pl., als Präs. zu übersetzen)

Der folgende Interpretationstext ist Grundlage für die Lösung der zehn Arbeitsaufgaben(▶ S. 31–34). Lesen Sie zuerst sorgfältig die Aufgabenstellungen und lösen Sie diese dann auf der Basis des Interpretationstextes!

<u>Einleitung</u>: Die Liebe ist eine Fertigkeit, die man erlernen kann. Was tut man aber bei Liebeskummer? Ovid gibt in seinen *Remedia amoris*, den Heilmitteln gegen die Liebe, Ratschläge.

1	Ad mea, decepti iuvenes, praecepta venite,
2	quos suus ex[1] omni parte[1] fefellit amor.
3	Quisquis[2] amas[2], loca sola[3] nocent, loca sola caveto[4]!
4	Quo fugis? In populo[5] tutior esse potes.
5	Non tibi secretis[6] – augent secreta[6] furores –
6	est opus, auxilio turba futura tibi est[7].
7	Tristis eris, si solus eris, dominaeque relictae
8	ante oculos facies stabit, ut[8] ipsa[8], tuos.
9	Tristior idcirco nox est quam tempora Phoebi[a]:
10	quae relevet luctus, turba[9] sodalis[9] abest.
11	Nec fuge colloquium nec sit tibi ianua clausa
12	nec tenebris[10] vultus flebilis abde tuos;

1 **ex omni parte**: auf jegliche Weise

2 **quisquis amas**: O du (unglücklich) Liebender
3 **solus** 3: einsam
4 **caveto** (Imp. von caveo 2; mit „du sollst …!" zu übersetzen)
5 **populus**, -i m.: *hier* Öffentlichkeit
6 **secreta**, -orum n.: Einsamkeit
7 Konstruktionshilfe: **turba tibi auxilio futura est** (**futura est** = erit).

8 **ut ipsa**: als wäre sie es selbst

9 **turba sodalis**: Schar der Freunde

10 <in> **tenebris**

a **Phoebus**, -i m.: Phoebus (Kultname des Apollo als Sonnengott)

Der folgende Interpretationstext ist Grundlage für die Lösung der zehn Arbeitsaufgaben (▸ S. 35–38). Lesen Sie zuerst sorgfältig die Aufgabenstellungen und lösen Sie diese dann auf der Basis des Interpretationstextes!

Einleitung: In seiner *Regula Benedicti* legt Benedikt von Nursia in 73 Kapiteln die Grundlagen für das Zusammenleben der Mönche im Kloster dar. Neben der Regelung aller Lebensbereiche wie Gebet, Tagesablauf, interne Organisation, Kontakt des Klosters nach außen, Aufnahme von Mönchen und Spiritualität geht es in mehreren Kapiteln um die tägliche Versorgung.

1 Unusquisque proprium habet donum ex Deo.	
2 Ideo cum aliqua scrupulositate[1] a nobis mensura victus[2] aliorum	1 **cum aliqua scrupulositate**: mit einigen Bedenken 2 **victus**, -us m.: Kost, Unterhalt
3 constituitur. Infirmorum contuentes imbecillitatem credimus	
4 heminam vini per[3] singulos sufficere per diem. Quibus autem donat	3 **per** (+ Akk.): für
5 Deus tolerantiam abstinentiae, propriam se habituros mercedem	
6 sciant. Quodsi aut loci necessitas[4] vel labor aut ardor aestatis amplius	4 **loci necessitas**: die Ortsverhältnisse
7 poposcerit, in[5] arbitrio prioris consistat[5], considerans in omnibus, ne	5 **consistat in**: *hier* es soll liegen an
8 surrepat satietas aut ebrietas. Licet[6] legamus vinum omnino mona-	6 **licet** (+ Konj.): zwar
9 chorum non esse[7]; sed quia nostris temporibus id monachis persua-	7 **esse** (+ Gen.): geeignet sein (für)
10 deri non potest, saltem hoc consentiamus, ut non usque ad satieta-	
11 tem bibamus, sed parcius, quia vinum apostatare[8] facit etiam	8 **apostato** 1: abtrünnig werden, zu Fall kommen
12 sapientes.	

Der folgende Interpretationstext ist Grundlage für die Lösung der zehn Arbeitsaufgaben (▶ S. 39–43). Lesen Sie zuerst sorgfältig die Aufgabenstellungen und lösen Sie diese dann auf der Basis des Interpretationstextes!

<u>Einleitung</u>: Juan Gines de Sepúlveda (1490–1573), ein spanischer Humanist im Dienste Kaiser Karls V., rechtfertigt die spanische Eroberung Amerikas und befürwortet die Versklavung der einheimischen Bevölkerung durch die Konquistadoren. Unter dem Vorwand, mit König Montezuma verhandeln zu wollen, zieht Hernando Cortés mit 300 Männern in die Hauptstadt der Azteken, Tenochtitlán, ein.

1 Cortesius[a] tantopere contempsit hominum ignaviam, inertiam et

2 ruditatem[1], ut terrore[2] injecto[2,b] coegerit Regem[c] et principes

3 imperium Hispanorum[d] Regis[e] accipere.

4 Itaque Cortesius[a] tam immensam multitudinem[f], tamquam[3] etiam

5 communi[4] sensu[4], non modo industria et sollertia careret, tantulo

6 Hispanorum et paucorum indigenarum praesidio[5] oppressam

7 tenuit. Potuitne[6] potiori[7] documento, quid[8] homines hominibus

8 ingenio, industria, robore animi ac virtute praestarent[6], declarari[6] et,

9 quod[9] illi sint natura servi, demonstrari[9]? Nam quod[10] nonnulli

10 ingeniosi esse videntur ad artificia quaedam, nullum est id

11 prudentiae humanioris argumentum, cum bestiolas quasdam opera

12 fabricare videamus, ut apes et araneas, quae nulla humana industria

13 satis queat imitari[11].

1 **ruditas**, -atis f.: Unbeholfenheit
2 **terrorem inicere**: Schrecken einflößen
3 **tamquam**: gleich als ob
4 **communis sensus**: Gemeinschaftssinn
5 **praesidium**, -i n.: Schutztruppe
6 Konstruktionshilfe: **potuitne potiori documento declarari, quid … praestarent**
7 **potiori** = potiore von **potior**, -ius: besser
8 **quid**: *hier* wie sehr
9 Konstruktionshilfe: **demonstrari, quod illi sint natura servi; quod**: dass
10 **quod**: dass
11 **imitor** 1: nachmachen, imitieren

a **Cortesius**, -i m.: Hernando Cortés (1485–1547, eroberte das Aztekenreich für Spanien)
b mittellateinische Schreibweise: j = i (**injecto** = iniecto)
c **Regem**: gemeint ist der Aztekenkönig Montezuma
d **Hispani**, -orum m.: Spanier
e **Hispanorum Regis**: gemeint ist König Karl I. von Spanien, später Kaiser Karl V. im Heiligen Römischen Reich
f **multitudinem**: Die Hauptstadt des Aztekenreichs, Tenochtitlán, hatte zur Zeit der Eroberung ca. 300 000 Einwohner.

1. Trennen Sie von den folgenden Wörtern die Wortbildungselemente, d.h. Präfix/Suffix und Grundwort (Verba im Infinitiv, Substantiva und Adjektiva im Nominativ Singular), ab und geben Sie die passenden Bedeutungen der einzelnen Elemente an (vgl. Beispiel)! **2P.**

zusammengesetztes Wort	Präfix (Bedeutung) + Grundwort
z.B. transeo (Z. 6)	*Präfix trans- (hinüber) + ire (gehen)*
addita (Z. 4)	
promittis (Z. 7)	
praecessissent (Z. 10)	
nescius (Z. 11)	

2. Finden Sie zu folgenden alphabetisch aufgelisteten Fremd- bzw. Lehnwörtern im Interpretationstext jeweils ein passendes lateinisches Textzitat (Substantiva, Adjektiva, Verba oder Adverbia) und tragen Sie dieses in die Tabelle ein! **2P.**

Fremd- bzw. Lehnwort	lateinisches Textzitat
z.B. Fiktion	*fictus*
Konsequenz	
Mission	
Ornat	
Paar	
Plenarsaal	
Weste	

3. Finden Sie im Interpretationstext je ein Beispiel für die unten aufgelisteten Stilmittel und tragen Sie die entsprechenden Zitate in die Tabelle ein! **2P.**

Stilmittel	Beispiel (lateinisches Textzitat)
Asyndeton	
Vergleich	

4. Finden Sie im Interpretationstext drei Gegensatzpaare und tragen Sie diese in die Tabelle ein! **3P.**

Begriff aus dem Interpretationstext	Gegenbegriff aus dem Interpretationstext
Omnia (Z. 8)	
res (Z. 10)	
praecessissent (Z. 10)	

5. Ordnen Sie den folgenden Abschnitten des Interpretationstextes jeweils eine Überschrift zu, die zum gesamten Abschnitt passt. Tragen Sie die entsprechende Kennzeichnung (A, B, C, …) in die rechte Tabellenspalte ein. Eine Überschrift kann nur einer einzigen Passage zugeordnet werden. **4P.**

Abschnitt des Interpretationstextes	Überschrift (Kennzeichnung)
Gaudia nimpharum, violas floresque rosarum, lilia candoris, miri quoque poma saporis parque columbarum, quibus addita mater earum, vestes purpureas, quibus exornata Napaeas vincere tam possim cultu, quam transeo vultu, insuper argentum, gemmas promittis et aurum. (Z. 2–7)	
Omnia promittis, sed nulla tamen mihi mittis. (Z. 8)	
Si me diligeres et, quae promittis, haberes, res praecessissent et verba secuta fuissent. Ergo vel est fictus nesciusque cupidinis ictus vel verbis vanis es dives, rebus inanis. (Z. 9–12)	
Quod si multarum sis plenus divitiarum, rusticus es, qui me tua, non te credit amare. (Z. 13–14)	

Überschrift	Kennzeichnung
Versprochene Geschenke	A
Liebesschwur	B
Nicht gehaltenes Versprechen	C
Leider nur Worte statt Taten	D
Gold und Silber	E
Vorwurf	F

6. Ergänzen Sie die folgenden Sätze dem Inhalt des Interpretationstextes entsprechend! **2P.**

Das Mädchen hält sich _____.

Den Worten des Liebhabers _____.

Das Mädchen hat den Verdacht, _____.

Das Mädchen wehrt sich gegen die Unterstellung, dass _____

_____.

7. Wählen Sie aus den gegebenen Möglichkeiten die richtige Übersetzung durch Ankreuzen aus! Nur eine Antwort ist korrrekt. **1P.**

Quod si multarum sis plenus divitiarum,
rusticus es, qui me tua, non te credit amare (Z. 13f.) **heißt übersetzt:**

Wenn du nun reich sein solltest, bist du ein Bauerntölpel, der glaubt, dass ich dein Vermögen, nicht dich liebe.	☐
Wenn du nun schwerreich sein solltest, bist du ein Bauerntölpel, der glaubt, dass ich dein Vermögen, nicht dich liebe.	☐
Wenn du nun schwerreich sein solltest, bist du ein Bauerntölpel, der glaubt, mich zu lieben, nicht dein Vermögen.	☐
Obwohl du nun schwerreich bist, bist du ein Bauerntölpel, der glaubt, dass ich dein Vermögen, nicht dich liebe.	☐

8. Vergleichen Sie den Interpretationstext mit dem folgenden Vergleichstext des Dichters Ovid und nennen Sie insgesamt drei inhaltliche Gemeinsamkeiten oder Unterschiede! Formulieren Sie in ganzen Sätzen (insgesamt max. 70 Wörter)! **3P.**

Vergleichstext

(Pygmalion)	(Pygmalion)
munera fert illi: conchas teretesque lapillos	macht jener Geschenke: Muscheln, geschliffene Steinchen,
et parvas volucres et flores mille colorum	kleine Vögel, Blumen in tausend Farben,
liliaque pictasque pilas et ab arbore lapsas	Lilien, bemalte Bälle und vom Baum gefallene
Heliadum lacrimas. Ornat quoque vestibus artus,	Tränen der Heliaden (= Bernstein). Auch schmückt er sie mit Kleidern,
dat digitis gemmas, dat longa monilia collo,	steckt Edelsteinringe an ihre Finger und legt lange Ketten um ihren Hals,
aure leves bacae, redimicula pectore pendent.	vom Ohr hängen zierliche Perlen, an der Brust Halsbänder.

Ovid, Metamorphosen, 10, 260–265

	Korrekturspalte

9. Nehmen Sie ausgehend von den folgenden Leitfragen persönlich Stellung zum Interpretationstext und begründen Sie Ihre Meinung! Antworten Sie in ganzen Sätzen (insgesamt max. 100 Wörter)!

3P.

- Erscheint die Beschwerde des Mädchens berechtigt?

- An welchen Aussagen des Textes lässt sich das Selbstbewusstsein des Mädchens ablesen?

- Wodurch werden die schwere Kränkung bzw. die Verunsicherung des Mädchens deutlich?

	Korrekturspalte

10. Verfassen Sie einen Antwortbrief des Liebhabers, in welchem Sie auf zwei Vorwürfe des Mädchens näher eingehen! Formulieren Sie in ganzen Sätzen (insgesamt max. 70 Wörter)!

2P.

	Korrekturspalte

1. Trennen Sie von den folgenden Wörtern die Wortbildungselemente, d.h. Präfix/Suffix und Grundwort (Verba im Infinitiv, Substantiva und Adjektiva im Nominativ Singular), ab und geben Sie die passenden Bedeutungen der einzelnen Elemente an (vgl. Beispiel)! **2P.**

zusammengesetztes Wort	Präfix / Suffix (Bedeutung) + Grundwort
z.B. praefulgentis (Z. 3)	Präfix prae- (voraus) + fulgere (strahlen)
pervertit (Z. 4)	
claritudini (Z. 7)	
distinguens (Z. 9)	
utilitas (Z. 10)	

2. Finden Sie zu folgenden alphabetisch aufgelisteten Fremd- bzw. Lehnwörtern im Interpretationstext jeweils ein passendes lateinisches Textzitat (Substantiva, Adjektiva, Verba oder Adverbia) und tragen Sie dieses in die Tabelle ein! **2P.**

Fremd- bzw. Lehnwort	lateinisches Textzitat
z.B.: zivilisiert	civitate
affektiert	
Degeneration	
dekorativ	
Genie	
Illustrierte	
Insuffizienz	

3. Finden Sie im Interpretationstext je ein Beispiel für die unten aufgelisteten Stilmittel und tragen Sie die entsprechenden Zitate in die Tabelle ein! **3P.**

Stilmittel	Beispiel (lateinisches Textzitat)
Antithese	
Chiasmus	
Klimax	

4. Bringen Sie die folgenden Inhaltsangaben in die dem Interpretationstext entsprechende Reihenfolge (1 – 2 – 3 …)!   1P.

Inhaltsangaben	Reihung
mütterliches Erbe	
väterliche Abstammung	
negative Eigenschaften	
positive Eigenschaften	

5. Finden Sie im Interpretationstext je vier positive und negative Eigenschaften von Poppaea und tragen Sie diese in die Tabelle ein!   4P.

positive Eigenschaften von Poppaea aus dem Interpretationstext	negative Eigenschaften von Poppaea aus dem Interpretationstext

6. Ergänzen Sie die folgenden Sätze dem Inhalt des Interpretationstextes entsprechend!   2P.

Poppaea nahm nicht den väterlichen Namen an, weil _____

_____ .

_____ zu ihrem Vorteil.

Poppaea hatte _____ völlig unter Kontrolle.

Poppaeas Großvater _____.

7. Wählen Sie aus den gegebenen Möglichkeiten die drei dem Interpretationstext entsprechenden Aussagen durch Ankreuzen aus!   2P.

Poppaea trug den Namen des Großvaters der Mutter.	☐
Ollius war schon vor der Ämterlaufbahn verdorben.	☐
Poppaeas Mutter war noch schöner als Poppaea.	☐
Poppaea war reich.	☐
Poppaea kümmerte sich nicht um ihren Ruf.	☐
Poppaea war bedingungslos lüstern.	☐

8. **Vergleichen Sie den Interpretationstext mit dem folgenden Vergleichstext und nennen Sie vier wesentliche inhaltliche Unterschiede! Formulieren Sie in ganzen Sätzen (insgesamt max. 60 Wörter)!** **4P.**

Vergleichstext

<u>Einleitung</u>: C. Sallustius Crispus (86–35 v. Chr.), ein römischer Geschichtsschreiber, beschreibt in seinem Werk über die Verschwörung des Catilina auch eine Frau in dessen Gefolge:

1 Übrigens befand sich unter ihnen auch Sempronia, die schon viele Untaten geliefert hatte, welche
2 oft männlichen Wagemut verlangten. Diese Dame war durch Abkunft und Schönheit, ferner durch
3 ihren Mann und ihre Kinder in einer recht glücklichen Lage; sie war wohlunterrichtet in griechi-
4 scher und lateinischer Literatur, konnte kunstgerechter musizieren und tanzen, als es für eine an-
5 ständige Frau nötig ist, und kannte vieles andere, was zu den Mitteln des Wohllebens gehört. Doch
6 war ihr immer schon alles andere lieber als Ehrbarkeit und Keuschheit. Ob sie mit ihrem Geld oder
7 ihrem guten Ruf weniger schonend umging, hätte man nicht leicht entscheiden können; ihre Sinn-
8 lichkeit war so entfacht, dass sie häufiger Männer begehrte als selbst begehrt wurde. Oft schon
9 hatte sie vordem ihr Wort gebrochen, ein Darlehen mit einem Meineid abgeleugnet, um eine
10 Mordtat gewusst: infolge ihrer Genusssucht und der Knappheit ihrer Mittel war es mit ihr abwärts
11 gegangen. Dabei war sie kein ungeschickter Kopf: Sie verstand es, Verse zu machen, Scherz zu
12 treiben, ein Gespräch sittsam oder schnippisch oder auch anzüglich zu führen.

Sallustius Crispus (Übersetzung: Werner Eisenhut): Werke. München/Zürich: Artemis Verlag 1985

	Korrekturspalte

9. Setzen Sie sich ausgehend von den folgenden Leitfragen mit dem Interpretationstext auseinander! Antworten Sie in ganzen Sätzen (insgesamt max. 90 Wörter)!   3P.

- Ist die Darstellung der Poppaea Sabina von Tacitus vom Anfang bis zum Ende einheitlich? Begründen Sie Ihre Antwort!

- Was könnte Tacitus mit seiner negativen Darstellung der Poppaea bezweckt haben?

- Wo könnte man heute so eine Darstellung finden?

	Korrekturspalte

10. Formulieren Sie über Neros neue Geliebte eine zum Interpretationstext passende Überschrift für ein Klatschmagazin!   1P.

1. Trennen Sie von den folgenden Wörtern die Wortbildungselemente, d.h. Präfix/Suffix und Grundwort (Verba im Infinitiv, Substantiva und Adjektiva im Nominativ Singular), ab und geben Sie die passenden Bedeutungen der einzelnen Elemente an (vgl. Beispiel)!   **2P.**

zusammengesetztes Wort	Präfix / Suffix (Bedeutung) + Grundwort
z.B. exstinguerent (Z. 1f.)	*Präfix ex- (aus) + stinguere (löschen)*
descenderunt (Z. 2)	
egressa (Z. 5)	
vulpecula (Z. 8)	
inierint (Z. 11)	

2. Finden Sie zu folgenden alphabetisch aufgelisteten Fremd- bzw. Lehnwörtern im Interpretationstext jeweils ein passendes lateinisches Textzitat (Substantiva, Adjektiva, Verba oder Adverbia) und tragen Sie dieses in die Tabelle ein!   **2P.**

Fremd- bzw. Lehnwort	lateinisches Textzitat
z.B.: Kongress	*egressum*
Pakt	
Prospekt	
rektal	
salutieren	
Serviererin	
signifikant	

3. Finden Sie im Interpretationstext je ein Beispiel für die unten aufgelisteten Stilmittel und tragen Sie die entsprechenden Zitate in die Tabelle ein!   **2P.**

Stilmittel	Beispiel (lateinisches Textzitat)
Alliteration	
Hyperbaton	

4. Gliedern Sie den folgenden Satz aus dem Interpretationstext in Hauptsätze (HS), Gliedsätze (GS) und satzwertige Konstruktionen (sK) und tragen Sie das jeweilige lateinische Textzitat in die Tabelle ein!   **2P.**

Vulpes et hircus sitientes in quendam puteum, ut sitim extinguerent, descenderunt, verum post potum … vulpes ait:

HS/GS/sK	lateinisches Textzitat

5. Ordnen Sie den folgenden Abschnitten des Interpretationstextes jeweils eine passende Überschrift zu, indem Sie die entsprechende Kennzeichnung (A, B, C, …) in die Tabelle eintragen! Eine Überschrift kann nur einer einzigen Passage zugeordnet werden.   **4P.**

Abschnitt des Interpretationstextes	Überschrift (Kennzeichnung)
Vulpes et hircus sitientes in quendam puteum, ut sitim extinguerent, descenderunt, (Z. 1–2)	
verum post potum, cum egressum circumspiceret hircus, vulpes ait: „Bono sis animo, nam quid saluti nostrae opus sit, animadverti. Si enim rectus stabis, tuas scapulas cornuaque conscendens exibo. Cumque egressa fuero, te manu comprehendens desuper traham"; huic caper deservivit. (Z. 2–6)	
Vulpes suo exultans egressu hirco alludebat. At dum caper illam incusat sibi pacta haud servasse, ei vulpecula inquit: „Si sapientia praeditus esses, non prius descendisses, quam egressum vidisses. (Z. 6–9)	
Significat ergo fabula, quod prudentes prius finem rei prospiciunt, quam opus inierint. (Z. 10–11)	

Überschrift	Kennzeichnung
Der Klügere gewinnt.	A
Durst macht blind.	B
Wer des Wassers bedarf, sucht es im Brunnen.	C
Schadenfreude ist die beste Freude.	D
Hilfst du mir, helfe ich dir.	E
Denke, bevor du handelst!	F

6. Ergänzen Sie die folgenden Sätze dem Inhalt des Interpretationstextes entsprechend! **2P.**

Der Fuchs entkommt, indem _____

_____ .

Der Bock _____ , wenn er _____

_____ .

Der Brunnen ist so tief, dass _____ .

Die Klugen hüten sich _____ .

7. Wählen Sie aus den gegebenen Möglichkeiten die richtige Übersetzung durch Ankreuzen aus! Nur eine Antwort ist korrekt. **1P.**

nam quid saluti nostrae opus sit (Z. 3f.) **heißt übersetzt:**	
denn welche Tätigkeit für uns die Rettung ist	❐
denn welche Rettung für uns nötig ist	❐
denn was zu unserer Rettung nötig ist	❐
denn warum unsere Rettung nötig ist	❐

8. Überprüfen Sie die Richtigkeit der Aussagen anhand des Interpretationstextes! **2P.**

	richtig	falsch
Der Fuchs hatte vor, den Bock zu retten.	❐	❐
Der Fuchs agiert, der Bock reagiert.	❐	❐
Der Fuchs hat sich schon vor dem Abstieg einen Ausweg überlegt.	❐	❐
Der Bock ist zwar misstrauisch, lässt sich aber überreden.	❐	❐

9. Versetzen Sie Sich unter Berücksichtigung des Interpretationstextes in die Lage des Brunnens und verfassen Sie einen Tagebucheintrag, in welchem Sie auf folgende Aspekte eingehen! (insgesamt max. 120 Wörter)! **3P.**

- **Vorfall**

- **überraschende Wende**

- **Ihre Erkenntnis**

	Korrekturspalte

_____
_____
_____
_____
_____

10. Vergleichen Sie den Interpretationstext mit dem folgenden Vergleichstext und nennen Sie zwei wesentliche inhaltliche Gemeinsamkeiten und zwei wesentliche inhaltliche Unterschiede! Formulieren Sie in ganzen Sätzen (insgesamt max. 60 Wörter)! **4P.**

Vergleichstext

<u>Einleitung</u>: Odo von Cherington , ein anglo-normannischer Zisterziensermönch aus dem 13. Jahrhundert, hat in seiner Fabelsammlung auch folgende Fabel vom Fuchs und dem Wolf integriert:

1 Ein Fuchs fiel mit einem Eimer in einen Brunnen. Da kam ein Wolf und fragte, was er denn da unten
2 mache. Der Fuchs antwortete: „Lieber Freund, hier unten habe ich viele und große Fische. Wenn du
3 doch auch einen Teil davon abbekommen könntest!" Und der Wolf sagte: „Wie könnte ich denn da
4 hinunter steigen?" Das Füchslein erwiderte: „ Oben ist ein Eimer. Setze dich hinein und du wirst
5 herabkommen." Es gab dort nämlich zwei Eimer. Wenn der eine aufstieg, senkte sich der andere.
6 So stellte sich der Wolf in den Eimer und sank hinab, während das Füchslein im anderen Eimer
7 emporstieg. Als sie sich in der Mitte begegneten, fragte der Wolf: „Wohin willst du?" Und der Fuchs
8 antwortete: „Ich habe genug gegessen und steige hinauf. Du gehe nur hinunter und du wirst Wun-
9 derbares finden." So sank der Wolf in den Brunnen hinab und fand nichts außer Wasser.
10 Am Morgen kamen die Bauern, zogen den Wolf heraus und erschlugen ihn.

Odo von Cherington 19

	Korrekturspalte

1. Trennen Sie von den folgenden Wörtern die Wortbildungselemente, d.h. Präfix/Suffix und Grundwort (Verba im Infinitiv, Substantiva und Adjektiva im Nominativ Singular), ab und geben Sie die passenden Bedeutungen der einzelnen Elemente an (vgl. Beispiel)! **2P.**

zusammengesetztes Wort	Präfix / Suffix (Bedeutung) + Grundwort
z.B.: relictae (Z. 7)	*Präfix re- (zurück) + linquere (lassen)*
decepti (Z. 1)	
praecepta (Z. 1)	
flebilis (Z. 12)	
abde (Z. 12)	

2. Finden Sie zu folgenden alphabetisch aufgelisteten Fremd- bzw. Lehnwörtern im Interpretationstext jeweils ein passendes lateinisches Textzitat (Substantiva, Adjektiva, Verba oder Adverbia) und tragen Sie dieses in die Tabelle ein! **2P.**

Fremd- bzw. Lehnwort	lateinisches Textzitat
z.B.: Partei	*parte*
impotent	
Jänner	
Klausur	
Lokal	
Sekretärin	
unpopulär	

3. Finden Sie im Interpretationstext zu den folgenden lateinischen Begriffen jeweils ein lateinisches Synonym, das derselben Wortart angehört und nicht als Vokabel angegeben ist, und zitieren Sie dieses in der rechten Tabellenspalte! **2P.**

Begriff aus dem Interpretationstext	Synonym (lat. Textzitat)
loca sola (Z. 3)	
populo (Z. 4)	
nox (Z. 9)	
fuge (Z. 11)	

4. Finden Sie im Interpretationstext zwei Gegensatzpaare und tragen Sie diese in die Tabelle ein! **2P.**

Begriff aus dem Interpretationstext	Gegenbegriff aus dem Interpretationstext

5. Finden Sie im Interpretationstext je ein Beispiel für die unten aufgelisteten Stilmittel und tragen Sie die entsprechenden Zitate in die Tabelle ein!   2P.

Stilmittel	Beispiel (lateinisches Textzitat)
Anapher	
Hyperbaton	

6. Beschreiben Sie, wie der Verfasser des Interpretationstextes seine Argumentation aufbaut! Nennen Sie vier Argumente und dann die Schlussfolgerung, die sich aus den vorgebrachten Argumenten ergibt. Formulieren Sie in ganzen Sätzen (insgesamt max. 60 Wörter)!   4P.

	Korrekturspalte

7. Ergänzen Sie die folgenden Sätze dem Inhalt des Interpretationstextes entsprechend!   2P.

Deine Verflossene _____.

_____ besser als versperrte Türen.

_____ können Deine Trauer lindern.

Ihr, die ihr _____, werdet bei mir Hilfe finden.

8. Wählen Sie aus den gegebenen Möglichkeiten die richtige Übersetzung durch Ankreuzen aus! Nur eine Antwort ist korrekt.   1P.

non tibi secretis – augent secreta furores – est opus (Z. 5f.) **heißt übersetzt:**	
Nicht hast Du das Werk für die Einsamkeit – die Einsamkeit vergrößert die Liebesglut.	☐
Nicht brauchst Du die Einsamkeit – die Einsamkeit vergrößert die Liebesglut.	☐
Nicht Du hast die Einsamkeit nötig – die Liebesglut vergrößert die Einsamkeit.	☐
Nicht hast Du eine Beschäftigung mit der Einsamkeit – die Einsamkeit vergößert die Liebesglut.	☐

9. Vergleichen Sie den Interpretationstext mit dem folgenden Vergleichstext und nennen Sie zwei wesentliche inhaltliche Gemeinsamkeiten und zwei wesentliche inhaltliche Unterschiede! Formulieren Sie in ganzen Sätzen (insgesamt max. 60 Wörter)! **4P.**

Vergleichstext

<u>Einleitung:</u> Siw Malmkvist (*1936), eine schwedische Schlagersängerin, thematisiert den Liebeskummer in einem Hit aus dem Jahr 1964:

1 Liebeskummer lohnt sich nicht, my Darling. Schade um die Tränen in der Nacht. Liebeskummer
2 lohnt sich nicht, my Darling. Weil schon morgen dein Herz darüber lacht.

3 Im Hof da spielte sie mit Joe von visa à vis. Doch dann zog er in eine andre Stadt. Wie hat sie da
4 geweint um ihren besten Freund. Da gab ihr die Mama den guten Rat:

5 Liebeskummer lohnt sich nicht, my Darling – oh no. Schade um die Tränen in der Nacht – yeah,
6 yeah. Liebeskummer lohnt sich nicht, my Darling. Weil schon morgen dein Herz darüber lacht.

7 Mit achtzehn traf sie Jim, sie träumte nur von ihm. Zum ersten Mal verliebt, das war so schöön.
8 Doch Jim, der war nicht treu und alles war vorbei. Da konnte sie es lange nicht verstehn.

9 Liebeskummer lohnt sich nicht, my Darling. Schade um die Tränen in der Nacht. Liebeskummer
10 lohnt sich nicht, my Darling. Weil schon morgen dein Herz darüber lacht.

11 Bis dann der eine kam, der in den Arm sie nahm. Nun gehn sie durch ein Leben voller Glück. Und
12 gibt's von Zeit zu Zeit mal einen kleinen Streit, dann denkt sie an das alte Lied zurück.

13 Denn Liebeskummer lohnt sich nicht, my Darling – oh no. Schade um die Tränen in der Nacht –
14 yeah, yeah. Liebeskummer lohnt sich nicht, my Darling. Weil schon morgen dein Herz darüber lacht.
15 Weil schon morgen dein Herz darüber lacht.

Text: Georg Buschor

	Korrekturspalte

10. Das folgende Zitat stammt von einer Frau, die an der Trennung von ihrem Mann leidet und sich in ihrer Verzweiflung an ein einschlägiges Internetforum um Rat wendet:

1   hallo, ich schaffe die nächte nicht, ich habe solche sehnsucht nach meinem mann, wie soll ich

2   die trennung akzeptieren, die ich nicht will? wir sind schon älter, haben eine menge erlebt, er ist

3   schon opa – ich dachte, wir werden miteinander alt. gibt es eine erste hilfe aus dem freien fall?

http://www.trennungsschmerzen.de

Versetzen Sie sich in die Lage Ovids und verfassen Sie eine persönliche Antwort auf die Anfrage der Frau! Geben Sie ihr drei unterschiedliche inhaltliche Anregungen, die Sie aus dem Text von Ovid beziehen! Formulieren Sie in ganzen Sätzen (insgesamt max. 80 Wörter)!   **3P.**

	Korrekturspalte

1. Finden Sie zu folgenden alphabetisch aufgelisteten Fremd- bzw. Lehnwörtern im Interpretationstext jeweils ein passendes lateinisches Textzitat (Substantiva, Adjektiva, Verba oder Adverbia) und tragen Sie dieses in die Tabelle ein!   **2P.**

Fremd- bzw. Lehnwort	lateinisches Textzitat
z.B.: Konstitution	*constituitur*
Firmung	
Intuition	
Lektüre	
persuasiv	
Reptil	
satt	

2. Trennen Sie von den folgenden Wörtern die Wortbildungselemente, d.h. Präfix/Suffix und Grundwort (Verba im Infinitiv, Substantiva und Adjektiva im Nominativ Singular), ab und geben Sie die passenden Bedeutungen der einzelnen Elemente an (vgl. Beispiel)!   **2P.**

zusammengesetztes Wort	Präfix / Suffix (Bedeutung) + Grundwort
z.B. infirmorum (Z. 3)	*Präfix in- (un-, nicht) + firmus 3 (stark)*
sufficere (Z. 4)	
abstinentiae (Z. 5)	
consistat (Z. 7)	
surrepat (Z. 8)	

3. Finden Sie im Interpretationstext je ein Beispiel für die unten aufgelisteten Stilmittel und tragen Sie die entsprechenden Zitate in die Tabelle ein!   **2P.**

Stilmittel	Beispiel (lateinisches Textzitat)
Alliteration	
Trikolon	

4. Listen Sie in der Tabelle vier verschiedene lateinische Begriffe/Wendungen aus dem Sachfeld „Trinken" auf, die im Interpretationstext vorkommen und nicht als Vokabel angegeben sind!   **2P.**

lateinisches Textzitat
1.
2.
3.
4.

5. Gliedern Sie den folgenden Satz aus dem Interpretationstext in Hauptsatz (HS), Gliedsätze (GS) und satzwertige Konstruktionen (sK) und tragen Sie das jeweilige lateinische Textzitat in die Tabelle ein!   **2P.**

Quodsi aut loci necessitas vel labor aut ardor aestatis amplius poposcerit, in arbitrio prioris consistat, considerans in omnibus, ne surrepat satietas aut ebrietas.

HS/GS/sK	lateinisches Textzitat

6. Ordnen Sie den folgenden Abschnitten des Interpretationstextes jeweils eine passende Überschrift zu, indem Sie die entsprechende Kennzeichnung (A, B, C …) in die Tabelle eintragen! Eine Überschrift kann nur einer einzigen Passage zugeordnet werden.   **4P.**

Abschnitt des Interpretationstextes	Überschrift (Kennzeichnung)
Unusquisque proprium habet donum ex Deo; ideo cum aliqua scrupulositate a nobis mensura victus aliorum constituitur. Infirmorum contuentes imbecillitatem, credimus heminam vini per singulos sufficere per diem. (Z. 1–4)	
Quibus autem donat Deus tolerantiam abstinentiae, propriam se habituros mercedem sciant. (Z. 4–6)	
Quodsi aut loci necessitas vel labor aut ardor aestatis amplius poposcerit, in arbitrio prioris consistat, considerans in omnibus, ne surrepat satietas aut ebrietas. (Z. 6–8)	
Licet legamus vinum omnino monachorum non esse; sed quia nostris temporibus id monachis persuaderi non potest, saltem hoc consentiamus, ut non usque ad satietatem bibamus, sed parcius, quia vinum apostatare facit etiam sapientes. (Z. 8–12)	

Überschrift	Kennzeichnung
Wein für alle!	A
Ein Viertel Wein pro Tag wird gewährt.	B
Enthaltsamkeit wird belohnt werden.	C
Weise trinken keinen Wein.	D
Der Klostervorsteher entscheidet in umsichtiger Weise über den Weingenuss.	E
Obwohl nicht gut, wird für uneinsichtige Mönche maßvoller Weingenuss erlaubt.	F

7. Ergänzen Sie die folgenden Sätze dem Inhalt des Interpretationstextes entsprechend! 2P.

Benedikt legt das Maß für den Unterhalt anderer _____
_____.

Als Gründe für den erlaubten Weingenuss werden genannt: _____
_____.

Der Klostervorsteher möge in allem _____
_____.

Als Folge zu hohen Weingenusses _____
_____.

8. Belegen Sie mit drei Zitaten aus dem Interpretationstext die folgende Aussage:
„Benedikt hält den Alkohol für ein Problem und lehnt ihn ab"! 3P.

	Korrekturspalte

9. Nehmen Sie ausgehend von den Leitfragen persönlich Stellung zum Interpretationstext und zu den Vergleichstexten und begründen Sie Ihre Meinung! Antworten Sie in ganzen Sätzen (insgesamt max. 100 Wörter)!   **3P.**

Vergleichstexte

Fünf Gründe zu trinken

Si bene commemini, causae sunt quinque bibendi:	Wenn ich mich recht erinnere, gibt's fünf Gründe zu trinken:
Hospitis adventus, praesens sitis atque futura	Die Ankunft des Gastes, der gegenwärtige Durst und der künftige,
et vini bonitas et quaelibet altera causa.	die Güte des Weins und jeder beliebige andere Grund.

Menagius (1613–1692)

„Lebensweisheit"

Balnea, vina, Venus corrumpunt corpora nostra, sed vitam faciunt balnea, vina, Venus.	Bäder, Weine, die Liebe verderben unseren Körper, das Leben machen sie aus, Bäder, Weine, die Liebe.

Carmina epigraphica (1499)

- ▪ **In welchem Verhältnis stehen die Aussagen des Interpretationstextes und der Vergleichs-texte?**

- ▪ **Welche Argumente könnte man bei Benedikt, welche bei den anderen Autoren kritisieren?**

- ▪ **Welcher Umgang mit Alkohol ließe sich auf dem Hintergrund der Texte empfehlen?**

Korrekturspalte

10. Benedikt schwankt in Kap. 40 seiner Regel abwechselnd zwischen Befürwortung und Ablehnung des Weingenusses. Gehen Sie in einem kurzen Schreiben an Benedikt auf zwei dieser positiven bzw. negativen Tendenzen in seinem Text ein und teilen Sie ihm Ihre Meinung zum Problem kurz und bündig mit! Formulieren Sie in ganzen Sätzen (insgesamt max. 60 Wörter)!   **2P.**

Korrekturspalte

1. Trennen Sie von den folgenden Wörtern die Wortbildungselemente, d.h. Präfix/Suffix und Grundwort (Verba im Infinitiv, Substantiva und Adjektiva im Nominativ Singular), ab und geben Sie die passenden Bedeutungen der einzelnen Elemente an (vgl. Beispiele)!   **2P.**

zusammengesetztes Wort	Präfix / Suffix (Bedeutung) + Grundwort
z.B. ignaviam (Z. 1)	*Präfix in- (Verneinung, un-, nicht) + gnavus (eifrig)*
z.B. ruditatem (Z. 2)	*rudis (ungeschickt) + Suffix -tas (Eigenschaft)*
injecto (Z. 2)	
accipere (Z. 3)	
multitudinem (Z. 4)	
oppressam (Z. 6)	

2. Finden Sie zu folgenden alphabetisch aufgelisteten Fremd- bzw. Lehnwörtern im Interpretationstext jeweils ein passendes lateinisches Textzitat (Substantiva, Adjektiva, Verba oder Adverbia) und tragen Sie dieses in die Tabelle ein!   **2P.**

Fremd- bzw. Lehnwort	lateinisches Textzitat
z.B.: Injektion	*injecto*
Akzeptanz	
genial	
Impotenz	
Präsident	
sensibel	
servieren	

3. Finden Sie im Interpretationstext zu den folgenden Begriffen jeweils einen passenden lateinischen Gegenbegriff, der derselben Wortart angehört und nicht als Vokabel angegeben ist, und zitieren Sie diesen in der rechten Tabellenspalte!   **2P.**

Begriff aus dem Interpretationstext	Gegenbegriff (lat. Textzitat)
inertiam (Z. 1)	
ruditatem (Z. 2)	
immensam (Z. 4)	
homines (Z. 7)	

4. Gliedern Sie den folgenden Satz aus dem Interpretationstext in Hauptsatz (HS), Gliedsätze (GS) und satzwertige Konstruktionen (sK) und tragen Sie das jeweilige lateinische Textzitat in die Tabelle ein! 3P.

Nam quod nonnulli ingeniosi esse videntur ad artificia quaedam, nullum est id prudentiae humanioris argumentum, cum bestiolas quasdam opera fabricare videamus …, quae nulla humana industria satis queat imitari.

HS/GS/sK	lateinisches Textzitat

5. Gliedern Sie den Interpretationstext in drei Abschnitte und begründen Sie Ihre Entscheidung! 3P.

Textabschnitt (Z. x-y)	Es handelt sich hierbei um einen eigenen Abschnitt, weil …
Abschnitt 1 von bis	
Abschnitt 2 von bis	
Abschnitt 3 von bis	

6. Ergänzen Sie die folgenden Sätze dem Inhalt des Interpretationstextes entsprechend! 2P.

Montezuma und seine Fürsten werden zu Untertanen der spanischen Krone gemacht, weil

_____.

Cortés kann Tenochtitlán besetzen, obwohl _____

_____.

Die Spanier unterscheiden sich von den Azteken sowohl in _____

_____.

Die Bauten der Bienen und Spinnen _____

_____.

7. **Wählen Sie aus den gegebenen Möglichkeiten die richtige Übersetzung durch Ankreuzen aus! Nur eine Antwort ist korrekt.** 1P.

… quod illi sint natura servi, demonstrari (Z. 9) **heißt übersetzt:**	
… dass jenem ihre Sklavennatur zu zeigen ist.	❒
… man … zeigen, dass jene die Natur von Sklaven haben.	❒
… gezeigt werden, dass jene von Natur aus Sklaven sind.	❒
… dass es ihre Natur ist, sich als Sklaven zu zeigen.	❒

8. **Überprüfen Sie die Richtigkeit der Aussagen anhand des Interpretationstextes!** 2P.

	richtig	falsch
Montezuma und seine Fürsten flößen Cortés Schrecken ein.	❒	❒
Der Gemeinschaftssinn ist bei den Azteken nicht sonderlich ausgeprägt.	❒	❒
Nicht alle Menschen sind gleich.	❒	❒
Die Kunstwerke der Azteken sind ein Beleg menschlicher Klugheit.	❒	❒

9. Vergleichen Sie den Interpretationstext mit dem folgenden Vergleichstext und nennen Sie vier wesentliche inhaltliche Unterschiede! Formulieren Sie in ganzen Sätzen (insgesamt max. 75 Wörter)! **4P.**

Vergleichstext

Einleitung: Bartolomé de Las Casas (1484–1566), ein Dominikanermönch und Zeitgenosse Sepúlvedas, erläutert seine Meinung über die Azteken:

1 Das Volk der Inder (Indios, Azteken) ist nicht in solcher Rohheit barbarisch. Denn sie sind nicht
2 dumm, grausig oder wild, sondern sie hatten schon lange, bevor sie den Namen Spanien gehört
3 hatten, wohl geordnete Staaten, die ohne Zweifel mit den besten Gesetzen, mit religiösem Kult
4 und Bräuchen vernünftig eingerichtet worden waren.
5 Sie pflegten die Freundschaft und, zur Lebensgemeinschaft verbunden, bewohnten sie die weitaus
6 größten Städte, wo sie sowohl die Aufgaben des Friedens als auch des Krieges klug, geschickt und
7 gerecht erledigten, ohne Zweifel durch Gesetze gelenkt, die in sehr vielen Punkten unseren Geset-
8 zen überlegen sind und von den Weisen Athens bewundert werden könnten.
9 Außerdem sind sie in jeder technischen Kunst so erfahren, dass sie mit bestem Recht allen Völkern
10 der bekannten Welt in dieser Hinsicht vorgezogen werden müssen. So gibt es in Kunstfertigkeit
11 und feinem Stil wunderschöne Dinge, welche jenes Volk durch die Eleganz der Gebäude und durch
12 mit Federn und Nadeln verzierte Arbeiten erschafft. …
13 Wir wollen dennoch annehmen, dass dieses Volk in seinem Scharfsinn und geschicktem Fleiß nicht
14 so stark ist. Deshalb sind sie aber sicher noch lange nicht verpflichtet, sich den Weiseren zu unter-
15 werfen und deren Naturell anzunehmen, sodass sie, wenn sie sich weigern sollten, durch
16 kriegerische Aggression unterworfen und – was heute auch tatsächlich geschieht – wie Sklaven
17 geknechtet werden können.

Bartolomé de Las Casas, Apologia 1

	Korrekturspalte

10. Zitat eines aztekischen Schülers des Franziskanermönchs Bernadino de Sahagún:

Vergleichstext

1 Und nachdem man am Palast angelangt, hineingegangen war, ergriffen sie ihn (Montezuma),

2 behielten sie ihn in Gewahrsam und unter Aufsicht . . . . Und nachdem sie sich (die Spanier in der

3 Stadt) festgesetzt hatten, fragten sie Montezuma aus nach allem, was zum Staatsschatz gehört,

4 den Rangabzeichen, den Schilden; sie lagen ihm in den Ohren, erkundigten sich eifrig nach dem

5 Golde. … Und nachdem sie an dem Schatzhause, das Teocalco genannt wird, angelangt waren,

6 wurde alles Glänzende (die Schmucksachen) hervorgeholt. … Und das Gold schmolzen die Spa-

7 nier in Barren. … Und sie gingen überall hin, stöberten alles durch, überall an allen Orten, wo

8 etwas verborgen war, in den Schatzhäusern, in den Lagerhäusern. Sie nahmen alles, was sie

9 fanden, was ihnen gefiel. … Man sah sie stolz aufgerichtet gehen, wie Narren oder wie Tiere,

10 gleichsam einander wegbeißend, hochzufrieden.

Eduard Seler: Einige Kapitel aus dem Geschichtswerk des Fray Bernardino de Sahagún. Stuttgart: Strecker & Schröder 1927, S. 480–496

Versetzen Sie sich in die Lage von Sepúlveda und verfassen Sie eine persönliche Entgegnung auf die Aussagen des aztekischen Schülers, in der Sie drei unterschiedliche inhaltliche Aspekte im Text Sepúlvedas als Argumente verwenden! Formulieren Sie in ganzen Sätzen (insgesamt max. 80 Wörter)!   **3P.**

	Korrekturspalte

Übersetzen Sie den folgenden lateinischen Text in die Unterrichtssprache! Achten Sie darauf, dass Ihre Übersetzung den Inhalt des Originals wiedergibt und sprachlich korrekt formuliert ist! **36P.**

<u>Einleitung</u>: In einem seiner Brieftraktate an Lucilius spricht der römische Philosoph Seneca (gest. 65 n. Chr.) über die Pflege von Körper und Geist.

1 Stulta est, mi Lucili, et minime conveniens litterato viro occupatio

2 exercendi lacertos et dilatandi cervicem ac latera[1] firmandi; cum tibi

3 feliciter[2] sagina cesserit[2] et tori creverint, nec vires umquam opimi

4 bovis nec pondus aequabis. Adice nunc, quod maiore corporis

5 sarcina animus eliditur et minus agilis est. Itaque - quantum potes -

6 circumscribe corpus tuum, animo locum[3] laxa[3]! Multa sequuntur[4]

7 incommoda huic deditos curae: primum exercitationes, quarum

8 labor spiritum exhaurit et inhabilem intentioni ac studiis acrioribus

9 reddit[5]; deinde copia ciborum subtilitas[6] impeditur. Quidquid facies,

10 cito redi a corpore ad animum; illum noctibus diebusque exerce!

11 Labore modico alitur ille; hanc exercitationem non frigus, non aestus

12 impediet, ne senectus quidem. Id bonum cura[7], quod vetustate fit

13 melius!

1 **latus**, -eris n.: Seite, Flanke

2 **feliciter cedere**: *hier* gut anschlagen

3 **locum laxare**: mehr Platz machen
4 **sequor** (+ Akk.)

5 **reddo** 3 (+ dopp. Akk): machen zu
6 **subtilitas**, -atis f.: Feinheit der Gedanken

7 **cura** (Imp.)

Der folgende Interpretationstext ist Grundlage für die Lösung der zehn Arbeitsaufgaben. Lesen Sie zuerst sorgfältig die Aufgabenstellungen und lösen Sie diese dann auf der Basis des Interpretationstextes!

<u>Einleitung</u>: Henricus Stephanus (1528–1598), ein französischer Buchdrucker und Philologe, beklagt den Tod eines Trinkkumpans.

1 Lugete, o calices capedinesque[1],

2 et quantum est hominum bibaciorum[2].

3 Vester mortuus est sodalis ille,

4 quem plus quisque oculis suis amabat.

5 Nam rex vester erat suumque norat[3]

6 Bacchum tam bene quam puella matrem,

7 nec sese a Bromio[a] suo movebat,

8 sed circumspiciens modo huc modo illuc

9 ad sola illius arma[b] gestiebat.

10 Qui nunc it per iter siticulosum

11 illuc, vina negant[4] ubi videri[5].

12 At vobis bene[6] sit[6], bonae tenebrae

13 Orci[c], quae haec cito monstra devoratis:

14 Tam foedum barathrum[7] meri abstulistis.

15 O factum bene! O bonae tenebrae!

16 Vestra[8] nunc opera[8], improbo biboni[9]

17 vini pernicie[10] haud[11] rubent ocelli.

Randglossen:

1 **capedo**, -inis f.: *hier* Trinkschale

2 **bibax**, -cis: trinkfreudig

3 **norat** = noverat

4 **negant** (+ AcI): man sagt, dass nicht …

5 Konstruktionshilfe: **ubi vina videri negant.**

6 **bene est**: es bekommt … wohl.

7 **barathrum**, -i n.: *hier* Säufer

8 **vestra … opera**: euretwegen

9 **bibo**, -onis m.: Trinker, Zecher

10 **pernicies**, -ei f.: *hier* schädliche Wirkung

11 **haud** = non

a **Bromius**, -i m.: Bromius (Beiname des Bacchus), *hier* Wein

b **arma**, -orum n: *hier* Werkzeug, Gerät; gemeint sind die Attribute des Bacchus (= Bromius), d.h. der mit Efeu und Reben umkränzte Thyrsosstab und der Kantharos (Trinkgefäß für Wein)

c **Orcus**, -i m.: Orkus, Unterwelt

1. Trennen Sie von den folgenden Wörtern die Wortbildungselemente, d.h. Präfix/Suffix und Grundwort (Verba im Infinitiv, Substantiva und Adjektiva im Nominativ Singular), ab und geben Sie die passenden Bedeutungen der einzelnen Elemente an (vgl. Beispiel)! **2P.**

zusammengesetztes Wort	Präfix / Suffix (Bedeutung) + Grundwort
z.B. pernicie (Z. 17)	*Präfix per- (durch (und durch)) + nex (Ermordung)*
circumspiciens (Z. 8)	
devoratis (Z. 13)	
abstulistis (Z. 14)	
improbo (Z. 16)	

2. Finden Sie zu folgenden alphabetisch aufgelisteten Fremd- bzw. Lehnwörtern im Interpretationstext jeweils ein passendes lateinisches Textzitat (Substantiva, Adjektiva, Verba oder Adverbia) und tragen Sie dieses in die Tabelle ein! **2P.**

Fremd- bzw. Lehnwort	lateinisches Textzitat
z.B.: Mortalität	*mortuus*
Armee	
inspizieren	
Lokomotive	
Pluralismus	
Rubin	
Vision	

3. Listen Sie in der Tabelle vier verschiedene lateinische Begriffe aus dem Sachfeld „Trinken" auf, die im Interpretationstext vorkommen und nicht als Vokabel angegeben sind! **2P.**

lateinisches Textzitat
1.
2.
3.
4.

4. Finden Sie im Interpretationstext je ein Beispiel für die unten aufgelisteten Stilmittel und tragen Sie die entsprechenden Zitate in die Tabelle ein! **2P.**

Stilmittel	Beispiel (lateinisches Textzitat)
Alliteration	
Hyperbaton	

5. Gliedern Sie den Interpretationstext in vier Abschnitte und begründen Sie Ihre Entscheidung!   **4P.**

Textabschnitt (Z. x-y)	Es handelt sich hierbei um einen eigenen Abschnitt, weil …
Abschnitt 1 von bis	
Abschnitt 2 von bis	
Abschnitt 3 von bis	
Abschnitt 4 von bis	

6. Überprüfen Sie die Richtigkeit der Aussagen anhand des Interpretationstextes!   **2P.**

	richtig	falsch
Der Trinkkumpan trank jede Form von Alkohol.	☐	☐
Der Trinkkumpan wird im Text mit einer weiblichen Person verglichen.	☐	☐
Im Jenseits fließt der Wein in Strömen.	☐	☐
Mit *biboni* (Z. 16) könnte auch der Autor gemeint sein.	☐	☐

7. Ordnen Sie den folgenden Abschnitten aus dem Vergleichstext jeweils eine inhaltliche Parallele aus dem Interpretationstext zu und zitieren Sie die entsprechende Parallelstelle in der rechten Tabellenspalte. Eine Textstelle kann nur einmal zugeordnet werden.   **3P.**

Vergleichstext

Einleitung: C. Valerius Catullus, ein römischer Lyriker des ersten vorchristlichen Jahrhunderts, beklagt in folgendem Gedicht den Tod eines geliebten Tieres:

1   Klaget, o ihr Liebesgöttinnen und Liebesgötter,
2   und ihr alle, die Venus je beglückte.
3   Der Spatz meines Mädchens ist gestorben,
4   der Spatz, Liebling meines Mädchens,
5   den jene mehr als ihre Augen liebte.
6   Denn er war süß wie Honig und kannte
7   seine Herrin so gut wie ein Mädchen seine Mutter

8 und wollte nie von ihrem Schoß weichen,

9 sondern hüpfte im Kreis um sie herum, bald dahin, bald dorthin,

10 und zwitscherte immer nur seine Herrin an.

11 Dieser geht nun den dunklen Weg,

12 von dem noch keiner, so sagt man, wiederkehrte.

13 Aber schlecht soll es Euch bekommen, böse Schatten

14 der Unterwelt, die ihr alles Schöne verschlingt.

15 Den so schönen Spatz habt ihr mir geraubt.

16 O welch' Übeltat! O armer Spatz!

17 Deinetwegen röten sich nun meinem Mädchen

18 vom Weinen die geschwollenen Äuglein.

Catull, Carmen 3

Abschnitte aus dem Vergleichstext	Parallele aus dem Interpretationstext (lat. Textzitat)
Denn er war so süß wie Honig und kannte seine Herrin so gut wie ein Mädchen seine Mutter, (Z. 6–7)	
Dieser geht nun den dunklen Weg, von dem noch keiner, so sagt man, wiederkehrte. (Z. 11–12)	
Deinetwegen röten sich nun meinem Mädchen vom Weinen die geschwollenen Äuglein. (Z. 17–18)	

8. Setzen Sie sich ausgehend von den folgenden Leitfragen mit dem Interpretationstext auseinander! Antworten Sie in ganzen Sätzen (insgesamt max. 60 Wörter)!　　**2P.**

- **Welche Qualität hat die Trauer des Autors? Begründen Sie Ihre Antwort!**

- **Wie werden die *tenebrae* (Z. 12/15) gewertet? Begründen Sie Ihre Antwort!**

Korrekturspalte

9. Vergleichen Sie den Interpretationstext mit dem folgenden Bild und nennen Sie zwei wesentliche inhaltliche Gemeinsamkeiten und zwei wesentliche inhaltliche Unterschiede! Formulieren Sie in ganzen Sätzen (insgesamt max. 70 Wörter)!   **4P.**

Diego Velásquez, Los Borrachos – das Fest des Bacchus, Museo del Prado, Madrid

	Korrekturspalte

10. Formulieren Sie eine Überschrift, die zu der Kernaussage des Interpretationstextes passt!

1P.

Übersetzen Sie den folgenden lateinischen Text in die Unterrichtssprache! Achten Sie darauf, dass Ihre Übersetzung den Inhalt des Originals wiedergibt und sprachlich korrekt formuliert ist! **36P.**

<u>Einleitung</u>: Das zweite Vatikanische Konzil (1962–1965) hat nach langem Ringen ein damals revolutionäres Dokument über das Verhältnis der Kirche zu den nichtchristlichen Religionen verfasst. Zum ersten Mal „beugt es sich in Ehrfurcht vor dem Wahren und Heiligen anderer Religionen als dem Werk des einen lebendigen Gottes". Das 3. Kapitel spricht über das Verhältnis zu den Muslimen.

1	Ecclesia cum[1] aestimatione[1] quoque Muslimos[a] respicit[1], qui unicum	[1] **cum aestimatione respicere**: mit Hochachtung betrachten
2	Deum adorant misericordem omnipotentemque, homines	
3	allocutum, cuius occultis decretis[2] toto animo se submittere student,	[2] **decretum**, -i n.: Ratschluss
4	sicut Deo se submisit Abraham[b], ad quem fides islamica[3] libenter	[3] **islamicus** 3: islamisch
5	sese refert. Iesum, quem quidem ut Deum non agnoscunt, ut	
6	prophetam tamen venerantur, matremque eius virginalem honorant	
7	Mariam et aliquando devote invocant. Diem iudicii exspectant, cum	
8	Deus omnes homines resuscitatos remunerabit[4]. Vitam moralem	[4] **remunero** 1 (+ Akk.): (jemandem) vergelten
9	aestimant et Deum maxime in oratione, elemosynis et ieiunio	
10	colunt. Quodsi in decursu[5] saeculorum inter Christianos[c] et	[5] **decursus**, -us m.: Ablauf
11	Muslimos[a] non paucae dissensiones inimicitiaeque exortae sint,	
12	Sacrosancta[d] Synodus[d] omnes exhortatur, ut praeterita oblivis-	
13	centes se[6] ad[6] comprehensionem mutuam sincere exerceant[6] et pro	[6] **se exercere ad**: sich bemühen um
14	omnibus hominibus iustitiam socialem[7], bona moralia necnon	[7] **socialis**, -e: sozial
15	pacem et libertatem communiter tueantur et promoveant.	

a **Muslimi**, -orum m. Pl.: Muslime
b **Abraham**, -ae m.: Abraham
c **Christiani**, -orum m. Pl.: Christen
d **Sacrosancta Synodus** f.: aus Respekt wird dieser Begriff im Konzilstext großgeschrieben

Der folgende Interpretationstext ist Grundlage für die Lösung der zehn Arbeitsaufgaben. Lesen Sie zuerst sorgfältig die Aufgabenstellungen und lösen Sie diese dann auf der Basis des Interpretationstextes!

<u>Einleitung</u>: Der römische Geschichtsschreiber Sallust (85–35 v. Chr.) analysiert in einem Exkurs seines *Bellum Iugurthinum* die Ursachen von Korruption, Misswirtschaft und Konflikten im römischen Reich des 2. Jh. v. Chr.

1 Ante Carthaginem[a] deletam populus et senatus Romanus placide

2 rem publicam tractabant[1], neque gloriae neque dominationis

3 certamen inter cives erat: metus hostilis in bonis artibus civitatem

4 retinebat. Sed ubi illa formido mentibus decessit, ea, quae res[2]

5 secundae[2] amant, lascivia atque superbia, incessere[3]. Ita quod[4] in

6 advorsis[b] rebus optaverant otium, postquam adepti sunt[4], asperius

7 fuit. Coepere[5] nobilitas[5] dignitatem, populus[5] libertatem in

8 lubidinem[b] vortere[b], sibi quisque ducere[6] trahere[7] rapere. Ita omnia

9 in duas partis[8] abstracta sunt, res publica, quae media fuerat,

10 dilacerata[9]. Nobilitas factione[10] magis pollebat, plebis vis dispersa in

11 multitudine minus poterat.

1 **tracto** 1: führen, leiten

2 **res secundae**: glückliche Umstände

3 **incessere** = incesserunt

4 Konstruktionshilfe: **ita otium, quod in advorsis rebus optaverant, postquam adepti sunt, …**

5 **coepere** = coeperunt (**nobilitas** und **populus** sind Subjekte dazu)

6 **duco** 3: *hier* Beute machen

7 **traho** 3: *hier* plündern

8 **partis** = partes

9 **dilacerata** <est>

10 **factio**, -onis f.: politische Cliquenbildung, Lobbying

a **Carthaginem**: Karthago, die letzte große Rivalin Roms im Mittelmeerraum, wurde am Ende des 3. Punischen Krieges 146 v. Chr. bis auf die Grundmauern zerstört.
b altlateinische Schreibweisen: o=e (**advorsis**, **vortere**); u=i (**lubidinem**)

1. Finden Sie zu folgenden alphabetisch aufgelisteten Fremd- bzw. Lehnwörtern im Interpretationstext jeweils ein passendes lateinisches Textzitat (Substantiva, Adjektiva, Verba oder Adverbia) und tragen Sie dieses in die Tabelle ein! **2P.**

Fremd- bzw. Lehnwort	lateinisches Textzitat
z.B.: unpopulär	populus
abstrakt	
mental	
Option	
parteiisch	
Traktor	
unzivilisiert	

2. Listen Sie vier verschiedene lateinische Begriffe aus dem Wortfeld „Charaktereigenschaften" auf, die im Interpretationstext vorkommen und nicht als Vokabel angegeben sind! **2P.**

lateinisches Textzitat
1.
2.
3.
4.

3. Finden Sie im Interpretationstext je ein Beispiel für die unten aufgelisteten Stilmittel und tragen Sie die entsprechenden Zitate in die Tabelle ein! **4P.**

Stilmittel	Beispiel (lateinisches Textzitat)
Alliteration	
Antithese	
Asyndeton	
Parallelismus	

4. Ordnen Sie den folgenden Abschnitten des Interpretationstextes jeweils eine passende Überschrift zu, indem Sie die entsprechende Kennzeichnung (A, B, C …) in die Tabelle eintragen! Eine Überschrift kann nur einer einzigen Passage zugeordnet werden. **4P.**

Abschnitt des Interpretationstextes	Überschrift (Kennzeichnung)
Ante Carthaginem deletam populus et senatus Romanus placide rem publicam tractabant, neque gloriae neque dominationis certamen inter cives erat: metus hostilis in bonis artibus civitatem retinebat. (Z. 1–4)	
Sed ubi illa formido mentibus decessit, ea, quae res secundae amant, lascivia atque superbia, incessere. Ita quod in advorsis rebus optaverant otium, postquam adepti sunt, asperius fuit. (Z. 4–7)	
Coepere nobilitas dignitatem, populus libertatem in lubidinem vortere, sibi quisque ducere trahere rapere. (Z. 7–8)	
Ita omnia in duas partis abstracta sunt, res publica, quae media fuerat, dilacerata. Nobilitas factione magis pollebat, plebis vis dispersa in multitudine minus poterat. (Z. 8–11)	

Überschrift	Kennzeichnung
Die Adeligen reißen die Macht an sich	A
Die Muße/Ruhe ist schlecht	B
Bessere Zeiten	C
Spaltung der Gesellschaft und deren Auswirkung	D
Unsitten nach der Zerstörung Karthagos	E
Verlust des Gemeinschaftssinnes	F

5. Geben Sie den Inhalt der letzten beiden Sätze (Z. 8–11) mit eigenen Worten und in ganzen Sätzen wieder (insgesamt max. 30 Wörter)! **2P.**

Korrekturspalte

6. Wählen Sie aus den gegebenen Möglichkeiten die richtige Übersetzung durch Ankreuzen aus! Nur eine Antwort ist korrekt. 1P.

Ita quod in advorsis rebus optaverant otium, postquam adepti sunt, asperius fuit (Z. 5–7) **heißt übersetzt:**	
So war ihnen die Ruhe zu rau, nachdem sie diese im Unglück ersehnt und danach erreicht hatten.	❏
Nachdem sie die Muße, weil sie sie so in widrigen Umständen gewünscht hatten, erlangten, war sie ihnen hart.	❏
So war die Ruhe, die sie in bedrängter Lage ersehnt hatten, nachdem man sie erlangte, zu hart.	❏
Die Ruhe, nachdem man sie erlangt hatte, war härter als die, welche sie in bedrängter Lage ersehnt hatten.	❏

7. Wählen Sie aus den gegebenen Möglichkeiten die drei dem Interpretationstext entsprechenden Aussagen durch Ankreuzen aus! 2P.

advorsis rebus (Z. 6) bezieht sich auf die Zeit vor der Zerstörung Karthagos.	❏
Das Volk riskierte mit seiner Freiheitsliebe die Zerrüttung des Staates.	❏
Äußerer Friede verdirbt die guten Sitten.	❏
Lobbying verhalf dem Adel zu Würde und Ansehen.	❏
Ruhm ist eine rein positive Eigenschaft.	❏
Süße Muße ist ein Wunschtraum.	❏

8. Setzen Sie sich ausgehend von den folgenden Leitfragen mit dem Satz *Sed ubi illa formido mentibus decessit, scilicet ea, quae res secundae amant, lascivia atque superbia, incessere* **(Z. 4–5) auseinander! Antworten Sie in ganzen Sätzen (insgesamt max. 40 Wörter)!** 2P.

- **Was ist die Begleiterscheinung von** *res secundae*?
- **Werden** *res secundae* **und ihre Ursache von Sallust positiv bewertet? Begründen Sie Ihre Antwort!**

	Korrekturspalte

9. Vergleichen Sie den Interpretationstext mit dem folgenden Vergleichstext und nennen Sie vier wesentliche inhaltliche Gemeinsamkeiten! Formulieren Sie in ganzen Sätzen (insgesamt max. 50 Wörter)! **4P.**

Vergleichstext

<u>Einleitung</u>: Velleius Paterculus (20 v. Chr.–30 n. Chr.), ein römischer Historiker, beschreibt die Entwicklung des römischen Staates:

1 Als nämlich die Furcht vor Karthago beseitigt und die Rivalin um die Vorherrschaft (Anm. des Über-
2 setzers: im Mittelmeerraum) aus dem Weg geräumt war, wich man nicht Schritt für Schritt vom Pfad
3 der Tugend, man verließ ihn Hals über Kopf und betrat die Bahn der Laster. Die alte Lebensart wur-
4 de aufgegeben, eine neue eingeführt. Die Bürgerschaft wandte sich vom Wachen zum Schlafen,
5 von Waffenübungen zu Vergnügungen, von Betriebsamkeit zum Müßiggang. … Um das Maß des
6 allgemeinen Elends vollzumachen, gab es in dem gleichen Staat, in welchem früher immer um die
7 Tugenden gewetteifert worden war, nun einen Wettstreit im Verbrechen. …

Velleius Paterculus (Übersetzung: Marion Giebel): Historia Romana, 2, 1,1 + 26,2. Stuttgart: Reclam 1989 [8566]

	Korrekturspalte

10. Formulieren Sie eine Überschrift, die zum Gesamtinhalt des Interpretationstextes passt! **1P.**

Übersetzen Sie den folgenden lateinischen Text in die Unterrichtssprache! Achten Sie darauf, dass Ihre Übersetzung den Inhalt des Originals wiedergibt und sprachlich korrekt formuliert ist!

36P.

Einleitung: Enea Silvio Piccolomini (1405–1464) verfasste als Papst Pius II. einen Brief an den türkischen Sultan Mehmed II. Diese „Epistula ad Mahumetem" (1461) ist eine politisch-theologische Abhandlung, die sowohl eine Verteidigung des christlichen Glaubens als auch eine ausführliche Auseinandersetzung mit dem Koran enthält. Die folgende utopische Vision von Pius II. steht in scheinbarem Widerspruch zu seinem früheren nach dem Fall Konstantinopels dokumentierten Bemühen, ein türkisches Feindbild aufzubauen und eine kollektive offensive Verteidigung eines Bündnisses aller christlichen Staaten Europas zu mobilisieren. Abgeschickt wurde der Brief wahrscheinlich nie.

1 Ante omnia vero monstratum est non posse te assequi inter Chris-

2 tianos gloriam et potentatum, quem videris optare, maxime apud

3 Europeos[a] et occidentales populos, dum in tua secta[1] perseverave-

4 ris[2]. Quodsi[3] velles Christianis initiari sacris[4], magnam tibi spem

5 fecimus et potentiae et gloriae. Memento[5] igitur verborum

6 nostrorum et accipe fidele consilium: sume baptismum Christi et

7 lavacrum[6] Spiritus Sancti; amplectere[7] sacrosanctum Evangelium et

8 illi te totum committe[8]: sic tuam animam lucrifacies[9], sic Turcarum[b]

9 populo bene consules, sic pacis auctor et fundator[10] quietis appella-

10 beris, sic te Turcae[b] animarum suarum repertorem[11] et Christiani

11 suae vitae conservatorem vocabunt. Syri[c], Aegyptii[c], Libyci[c], Arabes[c]

12 et, quaecumque sunt aliae gentes extra Christi caulas[12], aut his

13 auditis tuam viam sequentur aut tuis et Christianis armis parvo

14 negotio domabuntur.

1 **secta**, -ae f.: *hier* Irrglaube
2 **perseveraveris**: (Fut. ex. 2. P. Sg. akt, als Präs. zu übersetzen)
3 **quodsi**: wenn aber
4 **sacra**, -orum n.: *hier* Sakramente
5 **memento** (Imp. Sg. von memini, -isse)
6 **lavacrum**, -i n.: *hier* Reinwaschung
7 **amplectere** (Imp. Sg. von **amplector** 3, -plexus sum: *hier* im Herzen annehmen)
8 **committo** 3, -misi, -missus: anvertrauen
9 **lucrifacio** 3, -feci, -factus: gewinnen
10 **fundator**, -oris m.: *hier* Begründer
11 **repertor**, -oris m.: *hier* Wiederentdecker
12 **caulae**, -arum f. Pl.: Stall

a mittellateinische Schreibweise: e=ae (**Europeos** = Europaeos)
b **Turcae**, -arum m.: die Türken
c **Syri**, -orum m.: Syrier; **Aegyptii**, -orum m.: Ägypter; **Libyci**, -orum m.: Libyer; **Arabes**, -um m.: Araber

Der folgende Interpretationstext ist Grundlage für die Lösung der zehn Arbeitsaufgaben. Lesen Sie zuerst sorgfältig die Aufgabenstellungen und lösen Sie diese dann auf der Basis des Interpretationstextes!

<u>Einleitung</u>: In seiner „Unterweisung in der Redekunst" fordert der römische Rhetoriklehrer Quintilian (1. Jh. n. Chr.) den Lehrer auf, in einem ersten Schritt seinen Schüler genau zu beobachten und seine Begabung festzustellen. Dann soll der zweite Schritt folgen:

1 Perspiciat deinceps, quonam[1] modo tractandus sit discentis animus.

2 Sunt quidam, nisi institeris[2], remissi, quidam imperia indignantur,

3 quosdam continet[3] metus, quosdam debilitat. Mihi ille detur puer,

4 quem laus excitet[4], quem gloria iuvet[4], qui victus fleat[4]. Hic[5] erit

5 alendus ambitu[5], hunc mordebit obiurgatio, in hoc desidiam

6 numquam verebor. Danda est tamen omnibus aliqua remissio[6], non

7 solum quia nulla res est, quae perferre possit[4] continuum laborem,

8 sed quod studium discendi voluntate, quae cogi non potest,

9 constat[7]. Itaque[8] et virium plus adferunt ad discendum renovati et

10 acriorem animum[8], qui fere necessitatibus[9] repugnat.

1 **quinam**, quaenam, quodnam: welcher denn

2 **insisto** 3, institi: nachsetzen (2. P. mit „man" zu übersetzen)

3 **contineo** 2: aufrecht halten

4 **excitet … iuvet … fleat** (im Ind. zu übersetzen)

5 **Hic erit alendus ambitu:** „diesen wird man bei seinem Ehrgeiz packen können"

6 **remissio**, -onis f.: Entspannung

7 **consto** 1 (+ Abl.): beruhen auf

8 *Konstruktionshilfe*: **Itaque renovati adferunt ad discendum et plus virium et acriorem animum**

9 **necessitas**, -atis f.: Zwang

1. Finden Sie zu folgenden alphabetisch aufgelisteten Fremd- bzw. Lehnwörtern im Interpretationstext jeweils ein passendes lateinisches Textzitat (Substantiva, Adjektiva, Verba oder Adverbia) und tragen Sie dieses in die Tabelle ein! **2P.**

Fremd- bzw. Lehnwort	lateinisches Textzitat
z.B.: Alimente	alendus
insistieren	
Kontinuität	
Laudator	
Mission	
Perspektive	
Wille	

2. Listen Sie drei verschiedene lateinische Begriffe aus dem Sachfeld „Angst, Zwang" auf, die im Interpretationstext vorkommen und nicht als Vokabel angegeben sind! **3P.**

lateinisches Textzitat
1.
2.
3.

3. Ergänzen Sie folgende Sätze dem Inhalt des Interpretationstextes entsprechend! **2P.**

Der Lehrer wünscht sich Schüler, die einerseits durch Lob bzw. Ehrung erfreut werden, anderserseits_____.
Der freie Wille zu lernen _____.
Unterschiedliche Schüler brauchen _____.
Die Leistungsbereitschaft eines Schülers zeigt sich darin, _____.

4. Gliedern Sie den folgenden Satz aus dem Interpretationstext in Hauptsatz (HS) und Gliedsätze (GS) und tragen Sie das jeweilige lateinische Textzitat in die Tabelle ein! **2P.**

Danda est tamen omnibus aliqua remissio, non solum quia nulla res est, quae perferre possit continuum laborem, sed quod studium discendi voluntate, quae cogi non potest, constat.

HS/GS	lateinisches Textzitat
HS	
GS	
GS	
GS	

5. Gliedern Sie den Interpretationstext in vier Abschnitte und begründen Sie Ihre Entscheidung! 4P.

Textabschnitt (Z. x-y)	Es handelt sich hierbei um einen eigenen Abschnitt, weil …
Abschnitt 1 von bis	
Abschnitt 2 von bis	
Abschnitt 3 von bis	
Abschnitt 4 von bis	

6. Wählen Sie aus den gegebenen Möglichkeiten die richtige Übersetzung durch Ankreuzen aus! Nur eine Antwort ist korrekt. 1P.

Itaque et virium plus adferunt ad discendum renovati et acriorem animum, qui fere necessitatibus repugnat. (Z. 9–10) **heißt übersetzt:**	
Deshalb bringen mehr Männer, zum Lernen neu gestärkt, einen schärferen Geist mit, der sich in der Regel dem Zwang widersetzt.	❒
Deshalb bringen sie neu gestärkt sowohl mehr Kraft zum Lernen mit, als auch einen schärferen Geist, der sich in der Regel dem Zwang widersetzt.	❒
Deshalb bringen sie neu gestärkt sowohl mehr Kraft zum Lernen mit, als auch einen schärferen Geist, der sich in der Regel durch Zwang widersetzt.	❒
Deshalb bringen sie, durch Lernen neu gestärkt, sowohl mehr Kraft mit, als auch einen schärferen Geist, der sich in der Regel durch Zwang widersetzt.	❒

7. Wählen Sie aus den gegebenen Möglichkeiten die vier dem Interpretationstext entsprechenden Aussagen durch Ankreuzen aus! 2P.

Manche Schüler profitieren von der Angst und werden stärker.	❒
Der Lehrer soll auf die persönliche Befindlichkeit der Schüler eingehen.	❒
Der Lehrer wünscht sich leistungswillige Schüler.	❒
Entspannungsphasen verlangsamen den Lernfortschritt.	❒
Ein Schüler muss sich selbst motivieren.	❒
Es gibt durchaus Leute, die ohne Entspannungsphasen ihre Leistung erbringen.	❒

8. Formulieren Sie eine deutsche Überschrift, die zur Kernaussage des Interpretationstextes passt! 1P.

_____

9. Verfassen Sie Ihre eigene Vision von schulischer Beziehungskultur heute – auch unter Rückgriff auf die Tradition (Quintilian, Miller)! Wie sollen sich Lehrkräfte und Schülerinnen und Schüler auf dem Hintergrund der modernen Leistungsgesellschaft in der Schule begegnen? (insgesamt max. 120 Wörter) 3P.

	Korrekturspalte

10. Nehmen Sie unter Berücksichtigung des Vergleichstextes und ausgehend von den folgenden Leitfragen persönlich Stellung zum Interpretationstext und begründen Sie Ihre Meinung! Antworten Sie in ganzen Sätzen (insgesamt max. 120 Wörter)!   **4P.**

Vergleichstexte

1   Es ist hinreichend belegt, dass die Art und Weise, wie die Beteiligten in Schule und Schulverwal-
2   tung miteinander umgehen, eine hohe Bedeutung für die Qualität (in) der Schule der Gegenwart
3   und Zukunft hat. Das Beziehungslernen bekommt also einen besonderen Stellenwert – und es ist
4   Aufgabe einer Beziehungsdidaktik, diesen Bereich theoretisch zu fundieren und Wege der Realisie-
5   rung aufzuzeigen.

Reinhold Miller: Beziehungsdidaktik. Weinheim/Basel: Beltz Verlag 1997, S. 39

6   Die Beziehung bekommt einen Vorrang vor der Erziehung. Denn durch die verschiedenen Sicht-
7   weisen, die Menschen haben, und durch ihre Erziehungskonzepte zeigen sie in Erziehungsvorgän-
8   gen, welche Haltungen/Einstellungen sie zu Kindern/Jugendlichen haben: Die Beziehung spiegelt
9   sich in der Erziehung wider, die Tätigkeiten der Erziehung ergeben sich aus der Art und Weise der
10   Beziehung.

Reinhold Miller: Beziehungsdidaktik. Weinheim/Basel: Beltz Verlag 1997, S. 63

- **Inwiefern entspricht das im Interpretationstext vorgeschlagene Lehrerverhalten dem modernen Ansatz Millers?**
- **Wie sehen beide Texte das Verhältnis von „Beziehung" und „Erziehung"?**
- **Welche Rolle spielt der „Leistungsgedanke" in beiden Texten?**
- **Geglückte Entfaltung der Persönlichkeit kann niemals unter Zwang geschehen. Wie sehen das die vorliegenden Texte?**

	Korrekturspalte

Übersetzen Sie den folgenden lateinischen Text in die Unterrichtssprache! Achten Sie darauf, dass Ihre Übersetzung den Inhalt des Originals wiedergibt und sprachlich korrekt formuliert ist!

36P.

<u>Einleitung</u>: Drei Weise, Angehörige dreier verschiedener Religionen, treffen sich vor den Toren einer Stadt eher zufällig und kommen ins Gespräch. Sie beschließen, gemeinsam ein Stück des Weges zu gehen, um einander näher kennenzulernen. Unterwegs treffen sie in einem Wald einen Heiden, der von Todesfurcht geplagt ist und zu ihnen sagt: „Wenn es etwas gibt, wodurch ihr mir Gott beweisen und meine Seele zur Erkenntnis der Auferstehung hinführen könnt, so bitte ich Euch, dies zu tun." Diesen Beweis versuchen nun die drei Weisen in einer umfangreichen philosophischen Erörterung, an deren Ende sie sich voneinander verabschieden:

1 Ibi valde gratanter et amicabiliter[1] illi tres sapientes acceperunt[2] alte-	[1] **amicabilis**, -e: freundlich [2] **accipere alterutrum commeatum**: sich voneinander verabschieden
2 rutrum commeatum[2]; et quilibet ab alio petiit veniam, si in aliquo	
3 contra ipsius[3] legem dixisset aliquod verbum rusticale[4], et invicem	[3] **ipse**: *hier* dieser selbst [4] **rusticalis**, -e: beleidigend
4 remiserunt[5] sibi; et cum fuerunt ad[6] hoc[6], quod debuerint separari,	[5] **remitto** 3, -misi, -missus: verzeihen [6] **ad hoc**: an dem Punkt
5 ait alter sapientium: „De[7] fortuna[7], quae nobis accidit in foresta, se-	[7] **de fortuna**: aus der Erfahrung
6 queretur nobis[8] aliqua utilitas, si videretur[8] nobis, quod semel in die	[8] **nobis videtur**: wir beschließen
7 disputaremus et sequeremur modum[9], quem Domina Intelligentia[a]	[9] **modus**, -i m.: Methode
8 nobis dedit, et tanto[10] tempore[10] duraret nostra disputatio, quousque	[10] **tanto tempore**: so lange
9 omnes tres haberemus unam fidem tantum, et quod inter nos ser-	
10 varemus modum[9] mutui honoris et servitii, ut citius possemus	
11 concordare."	
12 Et ordinaverunt locum et horam, qua disputarent, et modum[9],	
13 quomodo in disputatione sibi exhiberent servitium et honorem, ut	
14 in una fide et lege possent concordare.	

[a] **Domina Intelligentia**, -ae f.: Die „Dame der Intelligenz" war den drei Weisen im Wald erschienen und hatte ihnen eine methodische Vorgangsweise für die Diskussion ans Herz gelegt.

Der folgende Interpretationstext ist Grundlage für die Lösung der zehn Arbeitsaufgaben. Lesen Sie zuerst sorgfältig die Aufgabenstellungen und lösen Sie diese dann auf der Basis des Interpretationstextes!

<u>Einleitung</u>: In der Antike gab es keine Vorgaben oder Einschränkungen für die Anwendung von Erziehungsmitteln. Die Kinder standen unter der „patria potestas", der väterlichen Gewalt. Äsop bietet in der folgenden Fabel ein bemerkenswertes Erziehungsmittel an.

1 QUOMODO DOMANDA SIT FEROX IUVENTUS

2 Pater familias[1] saevum habebat filium.

    1 **familias** = familiae

3 Hic, e conspectu[2] cum patris recesserat,

    2 **conspectus**, -us m.: Blickfeld

4 verberibus servos afficiebat plurimis

5 et exercebat[3] fervidam adulescentiam.

    3 **exerceo** 2: *hier* ausleben

6 Aesopus[a] ergo narrat hoc breviter seni:

7 „Quidam iuvenco vetulum adiungebat[4] bovem.

    4 **adiungo** 3 (+ Dat.): verbinden (mit), zusammenschirren (mit)

8 Is cum refugiens impari[5] collo iugum[b]

    5 **impar**, imparis: (dafür) ungeeignet

9 aetatis[6] excusaret vires languidas[6],

    6 Konstruktionshilfe: **excusaret vires languidas aetatis**

10 ,Non[7] est[7], quod timeas' inquit illi rusticus;

    7 **non est**: es gibt keinen Grund

11 ,non, ut labores, facio, sed, ut istum domes,

12 qui calce[8] et cornu multos reddit[9] debiles.'"

    8 **calx**, calcis f.: Huf

    9 **reddo** 3: *hier* machen

13 Et tu, nisi istum tecum assidue detines

14 feroxque ingenium comprimis clementia,

15 vide, ne querela[10] maior accrescat domus[11]."

    10 **querela**, -ae f.: *hier* Grund zur Klage

    11 **domus**: *hier* in deinem Haus

16 Atrocitati mansuetudo est remedium.

---

a   **Aesopus**, -i m.: Äsop (Fabeldichter)
b   **iugum**, -i n. Joch (ein aus Riemen geschnürtes Zuggeschirr, mit dem Tiere vor einen Pflug gespannt werden)

1. Finden Sie zu folgenden alphabetisch aufgelisteten Fremd- bzw. Lehnwörtern im Interpretationstext jeweils ein passendes lateinisches Textzitat (Substantiva, Adjektiva, Verba oder Adverbia) und tragen Sie dieses in die Tabelle ein! **2P.**

Fremd- bzw. Lehnwort	lateinisches Textzitat
z.B.: Veteran	vetulum
Brief	
Elaborat	
Genie	
Medizin	
Patriarchat	
Plural	

2. Trennen Sie von den folgenden Wörtern die Wortbildungselemente, d.h. Präfix/Suffix und Grundwort (Verba im Infinitiv, Substantiva und Adjektiva im Nominativ Singular), ab und geben Sie die passenden Bedeutungen der einzelnen Elemente an (vgl. Beispiel)! **2P.**

zusammengesetztes Wort	Präfix / Suffix (Bedeutung) + Grundwort
z.B. recesserat (Z. 3)	Präfix re- (zurück) + cedere (weichen)
z.B. mansuetudo (Z. 16)	mansues (zahm) + Suffix -tudo (Eigenschaft)
afficiebat (Z. 4)	
vetulum (Z. 7)	
aetatis (Z. 9)	
comprimis (Z. 14)	

3. Listen Sie vier verschiedene lateinische Begriffe aus dem Sachfeld „Wildheit/schlechtes Benehmen" und zwei Begriffe aus dem Sachfeld „Sanftmut" auf, die im Interpretationstext vorkommen und nicht als Vokabel angegeben sind! **3P.**

lateinisches Textzitat
1.
2.
3.
4.
5.
6.

4. Finden Sie im Interpretationstext je ein Beispiel für die unten aufgelisteten Stilmittel und tragen Sie die entsprechenden Zitate in die Tabelle ein!   3P.

Stilmittel	Beispiel (lateinisches Textzitat)
Alliteration	
Antithese	
Hyperbaton	

5. Ordnen Sie den folgenden Abschnitten des Interpretationstextes jeweils eine passende Überschrift zu, indem Sie die entsprechende Kennzeichnung (A, B, C, ...) in die Tabelle eintragen! Eine Überschrift kann nur einer einzigen Passage zugeordnet werden.   3P.

Abschnitt des Interpretationstextes	Überschrift (Kennzeichnung)
Pater familias saevum habebat filium. Hic, e conspectu cum patris recesserat, verberibus servos afficiebat plurimis et exercebat fervidam adulescentiam. (Z. 2–5)	
Aesopus ergo narrat hoc breviter seni: „Quidam iuvenco vetulum adiungebat bovem. Is cum refugiens impari collo iugum aetatis excusaret vires languidas, ‚Non est, quod timeas' inquit illi rusticus; ‚non, ut labores, facio, sed, ut istum domes, qui calce et cornu multos reddit debiles.'" (Z. 6–12)	
Et tu, nisi istum tecum assidue detines feroxque ingenium comprimis clementia, vide, ne querela maior accrescat domus." Atrocitati mansuetudo est remedium. (Z. 13–16)	

Überschrift	Kennzeichnung
Der junge Mann zeigt schlechtes Benehmen	A
Eine Fabel als Gleichnis	B
Milde ist angesagt	C
Der Sohn und die Sklaven	D
Der Sohn muss eingesperrt werden	E

6. Ergänzen Sie die folgenden Sätze dem Inhalt des Interpretationstextes entsprechend! 2P.

Der Sohn führte ein _____.
Äsop erzählte _____.
Der Bauer spannte _____.
Der alte Stier hatte Angst, _____.

7. Überprüfen Sie die Richtigkeit der Aussagen anhand des Interpretationstextes! 2P.

	richtig	falsch
Es handelt sich um einen Vater-Sohn-Konflikt.	☐	☐
Der Sohn zeigt nur in Abwesenheit des Vaters schlechtes Benehmen.	☐	☐
Der Sohn hat einen Sklaven geschlagen.	☐	☐
Der alte Stier will mit dem Jungstier arbeiten.	☐	☐

8. Belegen Sie mithilfe des Interpretationstextes die folgenden Aussagen! Formulieren Sie in ganzen Sätzen! 2P.

- Phädrus schlägt dem Vater vor, seine Beziehung zum Sohn zu intensivieren und so einen Erziehungserfolg zu landen.

- Wesentlich ist, dass der Vater durch seine Anwesenheit bzw. Nähe Einfluss auf den Sohn nimmt, der Vater muss keine Leistung erbringen.

	Korrekturspalte

9. Formulieren Sie zwei kritische Einwände gegen den Vorschlag des Phädrus, wie der Vater mit dem Sohn umgehen soll (insgesamt max. 60 Wörter)! 2P.

	Korrekturspalte

10. Nehmen Sie ausgehend von den folgenden Leitfragen persönlich Stellung zum Interpretationstext und zum Vergleichstext und begründen Sie Ihre Meinung! Antworten Sie in ganzen Sätzen (insgesamt max. 120 Wörter)! **3P.**

Vergleichstext

1 [13] Nach wenigen Tagen packte der jüngere Sohn alles zusammen und zog in ein fernes Land. Dort
2 führte er ein zügelloses Leben und verschleuderte sein Vermögen. …
3 [20] Dann brach er auf und ging zu seinem Vater. Der Vater sah ihn schon von weitem kommen, und
4 er hatte Mitleid mit ihm. Er lief dem Sohn entgegen, fiel ihm um den Hals und küsste ihn. [21] Da sag-
5 te der Sohn: „Vater, ich habe mich gegen den Himmel und gegen dich versündigt; ich bin nicht
6 mehr wert, dein Sohn zu sein." [22] Der Vater aber sagte zu seinen Knechten: „Holt schnell das beste
7 Gewand und zieht es ihm an, steckt ihm einen Ring an die Hand und zieht ihm Schuhe an. [23] Bringt
8 das Mastkalb her und schlachtet es; wir wollen essen und fröhlich sein. [24] Denn mein Sohn war tot
9 und lebt wieder; er war verloren und ist wiedergefunden worden." Und sie begannen, ein fröhliches
10 Fest zu feiern.

Evangelium nach Lukas, 15, 13; 20–24

- **Kann man die Verfehlungen der Söhne in den beiden Texten vergleichen?**

- **Nenne einen wesentlichen Unterschied zwischen den beiden Texten!**

- **Wie sind das von Phädrus dem Vater empfohlene Verhalten und das Verhalten des Vaters im Gleichnis zu beurteilen?**

	Korrekturspalte

ÜBERSETZUNGSTEXT			36	
I.	**TEXTSINN**		12	
1	Arbitrio si natura finxisset meo genus mortale, longe foret instructius.	Nach meinem Urteil hätte die Natur den Menschen viel besser ausgerüstet.	1	
2	Nam cuncta nobis attribuisset commoda, quaecumque indulgens Fortuna animali dedit:	Sie hätte uns alle Vorteile verliehen, welche das Schicksal dem Tier gab:	1	
3	elephanti vires et leonis impetum, cornicis aevum, gloriam tauri trucis, equi velocis placidam mansuetudinem.	Die Kräfte des Elefanten, das Ungestüm des Löwen, das lange Leben der Krähe, die Pracht des Stieres, die Sanftheit des schnellen Pferdes.	1	
4	Et adesset homini sua tamen sollertia.	Der Mensch hätte dennoch seine Geschicklichkeit.	1	
5	Nimirum in caelo secum ridet Iuppiter, haec qui negavit magno consilio homini,	Im Himmel lacht Jupiter; klug verwehrte er diese (Vorteile) dem Menschen.	1	
6	ne sceptrum mundi raperet summa audacia.	Dieser solle nicht verwegen die Weltherrschaft an sich reißen.	1	
7	Ergo contenti munere invicti Iovis fatalis annos decurramus temporis;	Durchlaufen wir zufrieden mit dem Geschenk Jupiters unsere Lebenszeit!	1	
8	nec plus conemur quam sinit mortalitas.	Versuchen wir nicht mehr, als unsere sterbliche Natur zulässt.	1	
9	Aesopo quidam scripta recitarat mala, in quis inepte multum se iactaverat.	Jemand hatte dem Äsop schlechte Literatur vorgelesen, mit der er sich selbst gelobt hatte.	1	
10	Scire ergo cupiens, quidnam sentiret senex, „Numquid tibi" inquit „visus sum superbior?	Er wollte wissen, was der alte Mann darüber dachte. Er sagte: „Erschien ich dir zu stolz?	1	
11	Haud vana nobis ingeni fiducia est." Confectus ille pessimo volumine,	Das Vertrauen in meine Begabung hat einen Grund." Er war von jenem äußerst schlechten Werk erledigt.	1	
12	„Ego" inquit „quod te laudas, vehementer probo; namque hoc ab alio numquam continget tibi."	Er sagte: „Ich billige dein Selbstlob sehr; denn jemand anderer wird dich niemals loben."	1	
II.	**LEXIK**			6	
1	commoda (Z. 3)	Vorteil	NICHT: Leihgabe; höflich	1	
2	aevum (Z. 6)	Lebenszeit	NICHT: Ewigkeit, Zeit	1	
3	negavit (Z. 10)	verneinen, verweigern	NICHT: leugnen	1	
4	decurramus (Z. 13)	durchlaufen	NICHT: herablaufen; behandeln	1	
5	visus sum (Z. 18)	scheinen	NICHT: gesehen werden	1	
6	probo (Z. 21)	gutheißen	NICHT: darlegen, beabsichtigen	1	
III.	**MORPHOLOGIE**			6	
1	Arbitrio (Z. 1)	Abl. Sg.		1	
2	animali (Z. 4)	Dat.		1	
3	raperet (Z. 11)	P. N. T. D.		1	
4	mortalitas (Z. 14)	K. N.		1	
5	superbior (Z. 18)	Steigerung (Komp.)		1	
6	continget (Z. 22)	P. N. T. D.		1	
IV.	**SYNTAX**			6	
1	si (Z. 1)	GS: irrealer Konditionalsatz		1	
2	quaecumque (Z. 4)	GS: verallgemeinernder Relativsatz (bezogen auf *commoda*)		1	
3	adesset (Z. 8)	Konj. im HS: Irrealis der Gw.		1	
4	qui (Z. 10)	GS: Relativsatz (bezogen auf *Juppiter*)			
5	nobis (Z. 19)	Dat. poss.		1	
6	Confectus (ille) (Z. 20)	Pc pass.		1	
V.	**QUALITÄT IN DER ZIELSPRACHE**			6/3/0	

ÜBERSETZUNGSTEXT			36	
I.	**TEXTSINN**		**12**	
1	Sed de socio cogitanti vix amicorum quisquam omni ex parte idoneus videbatur:	Auch wenn ich überlege, finde ich nur schwer einen geeigneten Bergkameraden unter den Freunden.	1	
2	Adeo etiam inter caros exactissima illa voluntatum omnium morumque concordia rara est.	Auch unter engsten Freunden kommt die Übereinstimmung im Willen und Charakter selten vor.	1	
3	Hic segnior, ille vigilantior; hic tardior, ille celerior;	Der eine ist zu träge, der andere zu rührig.	1	
4	hic maestior, ille laetior;	Der eine ist zu trübsinnig, der andere zu heiter.	1	
5	denique hic stultior, prudentior ille quam vellem;	Der eine ist zu unbedarft, der andere zu intellektuell.	1	
6	huius silentium, illius procacitas;	Der eine ist ruhig, der andere vorlaut.	1	
7	huius pondus ac pinguedo, illius macies atque imbecillitas terrebat;	Die Leibesfülle des einen und die Schwäche des anderen bereitet Sorgen.	1	
8	huius frigida incuriositas, illius ardens occupatio dehortabatur;	Gegen den einen spricht die Leichtsinnigkeit, gegen den anderen sein Übereifer.	1	
9	Quae, quamquam gravia, tolerantur domi, verum haec eadem fiunt in itinere graviora.	Unterwegs werden zu Hause geduldete Eigenschaften dennoch unerträglich.	1	
10	Itaque delicatus animus librabat singula sine ulla quidem amicitiae laesione.	Ohne die Gebote der Freundschaft zu verletzten, erwog ich die einzelnen Eigenschaften.	1	
11	Tandem ad domestica vertor auxilia, germanoque meo unico, minori natu, quem probe nosti, rem aperio.	Hilfe fand ich zu Hause bei meinem dir bekannten Bruder.	1	
12	Nil poterat laetius audire gratulatus, quod apud me amici simul ac fratris teneat locum.	Der freute sich dankbar dafür, dass er mir Freund und Bruder sei.	1	
II.	**LEXIK**			**6**	
1	videbatur (Z. 2)	scheinen;	NICHT: sehen	1	
2	Adeo (Z. 2)	sogar;	NICHT: hingehen	1	
3	Hic (Z. 3)	dieser, der eine	NICHT: hier	1	
4	fiunt (Z. 9)	werden;	NICHT: geschehen	1	
5	Tandem (Z. 11)	z.B. schließlich, endlich	NICHT: dennoch	1	
6	locum (Z. 13)	z.B. Rang, Stelle(enwert)	NICHT: Ort	1	
III.	**MORPHOLOGIE**		**6**	
1	voluntatum (Z. 3)	K. N.		1	
2	segnior (Z. 3)	Steigerung (Komp.)		1	
3	ardens (Z. 7)	PPrA (K. N. G.)		1	
4	tolerantur (Z. 8)	P. N. T. M. D.		1	
5	singula (Z. 10)	K. G.		1	
6	amici (Z. 13)	K. N.		1	
IV.	**SYNTAX**		**6**	
1	cogitanti (Z. 1)	Pc (gz. akt.)		1	
2	quisquam … idoneus (Z. 1–2)	NcI (gz.)		1	
3	quam (Z. 5)	GS: Vergleichssatz		1	
4	Quae (Z. 8)	GS: Relativsatz (bezogen auf *haec eadem*)		1	
5	minori natu (Z. 12)	Abl. qual.		1	
6	gratulatus (Z. 13)	Pc (akt.)		1	
V.	**QUALITÄT IN DER ZIELSPRACHE**		**6/3/0**	

ÜBERSETZUNGSTEXT			36	
I.	**TEXTSINN**		12	
1	Mollis illa educatio, quam indulgentiam vocamus, nervos omnes mentis et corporis frangit.	Eine milde und nachsichtige Erziehung schwächt Körper und Geist.	1	
2	Quid non adultus concupiscet, qui in purpuris repit?	Frühe Verwöhntheit macht anspruchsvoll im Erwachsenenalter.	1	
3	Nondum verba exprimit, iam coccum intelligit, iam conchylium poscit.	Man lernt vor dem Sprechen Luxusfarben zu unterscheiden.	1	
4	Ante palatum eorum quam os instituimus.	Wir schulen vor dem Sprechen den Geschmack.	1	
5	Gaudemus, si quid licentius dixerint: verba risu et osculo excipimus.	Wir freuen uns über Keckheiten und nehmen sie mit einem Kuss lächelnd hin.	1	
6	Fit ex his consuetudo, inde natura. Discunt haec miseri, antequam sciant ea vitia esse.	Durch dieses Verhalten wird die Gewohnheit zur Natur, bevor die Bemitleidenswerten ein Fehlerbewusstsein entwickeln.	1	
7	Non accipiunt ex scholis mala ista, sed in scholas adferunt.	Schlechte Verhaltensmuster bringen sie nicht von der Schule, sondern in die Schule mit.	1	
8	Neque solum debebit docere praeceptor, sed frequenter interrogare et iudicium discipulorum experiri.	Nicht nur Unterrichten, sondern auch Fragen und das Überprüfen der Urteilsfähigkeit sind die Aufgaben eines Lehrers.	1	
9	Sic audientibus securitas aberit nec, quae dicentur, superfluent aures:	So wird aufmerksam zugehört.	1	
10	simul ad id perducentur, ut inveniant ipsi et intellegant.	So werden sie zu Selbständigkeit und eigenständiger Erkenntnis erzogen.	1	
11	Nam quid aliud agimus docendo eos, quam ne semper docendi sint?	Was sonst bezwecken wir mit dem Unterricht, als dass sie nicht mehr unterrichtet werden müssen?	1	
12	In omnibus fere minus valent praecepta quam experimenta.	Vorschriften sind weniger wichtig als Erfahrungen.	1	
II.	**LEXIK**		6	
1	adultus (Z. 2)	Erwachsener	NICHT: Ehebrecher	1	
2	os (Z. 4)	z.B. Mund, Sprache	NICHT: Knochen	1	
3	Fit (Z. 6)	z.B. werden	NICHT: geschehen	1	
4	mala (Z. 7)	Übel, üble Verhaltensmuster	NICHT: Äpfel, Wange	1	
5	solum (Z. 9)	nur	NICHT: Boden	1	
6	simul (Z. 11)	zugleich	NICHT: sobald	1	
III.	**MORPHOLOGIE**		6	
1	omnes (Z. 1)	K. G.	1	
2	licentius (Z. 5)	Steigerung (Komp.)	1	
3	haec (Z. 6)	K. G.	1	
4	frequenter (Z. 9)	WA (Adverb im Pos.)	1	
5	audientibus (Z.10)	PPrA (K. N.)	1	
6	docendo (Z. 12)	Gerundium (K.)	1	
IV.	**SYNTAX**		6	
1	qui (Z. 2)	GS: Relativsatz (bezogen auf *adultus*)	1	
2	risu (Z. 5)	Abl. instr. (Abl. modalis)	1	
3	ea vitia esse (Z. 7)	AcI	1	
4	quae (Z. 11)	GS: Relativsatz	1	
5	ut (Z. 11–12)	GS: ut-Satz (Konsekutivsatz)	1	
6	ne (Z. 13)	GS: verneinter ut-Satz (Finalsatz)	1	
V.	**QUALITÄT IN DER ZIELSPRACHE**		6/3/0	

ÜBERSETZUNGSTEXT		36	
I.	**TEXTSINN**	**12**	
1	Alexander urbe in dicionem suam redacta Iovis templum intrat. / Nach der Eroberung der Stadt betritt Alexander den Jupitertempel.	1	
2	Vehiculum, quo Gordium, vectum esse constabat, aspexit cultu haud sane a vilioribus vulgatisque usu abhorrens. / Er erblickt den Wagen, mit dem schon Gordius fuhr. Der Wagen unterscheidet sich kaum von billigeren.	1	
3	Notabile erat iugum adstrictum compluribus nodis in semetipsos implicatis et celantibus nexus. / Bemerkenswert ist das Joch. Dieses ist mit mehreren verschlungenen und verborgenen Knoten festgeschnürt.	1	
4	Incolis deinde adfirmantibus editam esse oraculo sortem, / Die Bewohner bekräftigen: Es ist durch ein Orakel eine Weissagung erfolgt:	1	
5	Asiae potiturum, qui inexplicabile vinculum solvisset, / Wer den unlösbaren Knoten auflöst, wird die Macht über Asien erringen.	1	
6	cupido incessit animo sortis eius explendae . / Alexander will unbedingt diese Weissagung erfüllen.	1	
7	Circa regem erat et Phrygum turba et Macedonum, illa expectatione suspensa , haec sollicita ex temeraria regis fiducia: / Rund um den König stehen Phryger und Makedonen, erstere in gespannter Erwartung, letztere wegen der unüberlegten Zuversicht des Königs besorgt:	1	
8	quippe serie vinculorum ita adstricta, / Die Stricke sind nämlich so festgeschnürt.	1	
9	ut, unde nexus inciperet quove se conderet, nec ratione nec visu perspici posset, / Weder durch Überlegung noch durch Anschauung können die Knotenverbindungen durchblickt werden.	1	
10	solvere adgressus iniecerat curam ei, ne in omen verteretur inritum inceptum . / Zur Lösung angetreten sorgt er sich, dass ein Fehlversuch als schlechtes Omen gedeutet werde.	1	
11	Ille nequaquam diu luctatus cum latentibus nodis „Nihil" inquit „interest , quomodo solvantur", / Er müht sich keineswegs lang mit den verborgenen Knoten ab und sagt: „Es ist nicht wichtig, wie die Knoten gelöst werden".	1	
12	gladioque ruptis omnibus loris oraculi sortem vel elusit vel implevit. / Er durchtrennt mit dem Schwert die Riemen und verhöhnt einerseits den Schicksalsspruch, andererseits erfüllt er ihn.	1	
II.	**LEXIK**	**6**	
1	adstrictum (Z. 3)	festschnüren	NICHT: einschränken, abkühlen	1
2	inexplicabile (Z. 6)	unlösbar	NICHT: unheilbar, mannigfach	1
3	circa (Z. 7)	rund um	NICHT: ungefähr	1
4	ex (Z. 8)	wegen	NICHT: aus	1
5	conderet (Z. 10)	verbergen	NICHT: gründen	1
6	interest (Z. 13)	wichtig sein	NICHT: da sein	1
III.	**MORPHOLOGIE**		**6**	
1	vectum esse (Z. 2)	Inf. Perf. akt.	1	
2	vilioribus (Z. 3)	Steigerung (Komp. Pl.)	1	
3	celantibus (Z. 4)	PPrA Pl.	1	
4	cupido (Z. 6)	K. N.	1	
5	adgressus (Z. 11)	PPA (eines Dep.)	1	
6	gladio (Z. 14)	K. N.	1	
IV.	**SYNTAX**		**6**	
1	urbe … redacta (Z. 1)	Abl. abs. (vz. pass.)	1	
2	(Vehiculum …) abhorrens (Z. 2–3)	Pc (gz. akt.)	1	
3	editam esse … sortem (Z. 5)	AcI (vz. pass.)	1	
4	ut (Z. 9)	GS: ut-Satz (konsekutiv)	1	
5	luctatus (Z. 12)	Pc (vz. akt.)	1	
6	quomodo (Z. 13)	GS: Indirekter Fragesatz	1	
V.	**QUALITÄT IN DER ZIELSPRACHE**		**6/3/0**	

ÜBERSETZUNGSTEXT			36	
I. TEXTSINN			12	
1	Stulta est, mi Lucili, et minime conveniens litterato viro occupatio exercendi lacertos et dilatandi cervicem ac latera firmandi;	Das Muskeltraining an Armen, Nacken und Hüften ist für einen gebildeten Mann töricht.	1	
2	cum tibi feliciter sagina cesserit et tori creverint,	Die Mastkur ist möglicherweise gelungen.	1	
3	nec vires umquam opimi bovis nec pondus aequabis.	Trotzdem bist du weder so stark oder schwer wie ein Stier.	1	
4	Adice nunc, quod maiore corporis sarcina animus eliditur et minus agilis est.	Durch die größere Last des Körpers wird der Geist erdrückt und ist weniger beweglich.	1	
5	Itaque - quantum potes - circumscribe corpus tuum, animo locum laxa!	Schränke deinen Körper möglichst ein, dem Geist schaffe Raum.	1	
6	Multa sequuntur incommoda huic deditos curae:	Diese Sorge führt zu vielen Unannehmlichkeiten:	1	
7	primum exercitationes, quarum labor spiritum exhaurit et inhabilem intentioni ac studiis acrioribus reddit;	Die anstrengenden Übungen erschöpfen den Geist und verhindern konzentrierte Studien.	1	
8	deinde copia ciborum subtilitas impeditur.	Die Menge der Speisen behindert die Feinheit (der Gedanken).	1	
9	Quidquid facies, cito redi a corpore ad animum;	Kehre jedenfalls schnell vom Körper zum Geist zurück!	1	
10	illum noctibus diebusque exerce! Labore modico alitur ille;	Trainiere ihn tags und nachts! Durch mäßige Anstrengung wird er genährt.	1	
11	hanc exercitationem non frigus, non aestus impediet, ne senectus quidem.	Diese Übung behindert weder Kälte, noch Hitze, nicht einmal das Alter.	1	
12	Id bonum cura, quod vetustate fit melius!	Für dieses Gut trage Sorge; es wird durch Alter besser.	1	
II.	**LEXIK**		6	
1	conveniens (Z. 1)	passend, angemessen	NICHT: zusammenkommend	1
2	vires (Z. 3)	Kräfte	NICHT: Männer	1
3	Adice (Z. 4)	hinzufügen	NICHT: hinwerfen	1
4	circumscribe (Z. 6)	einschränken	NICHT: umschreiben	1
5	inhabilem (Z. 8)	unfähig	NICHT: unhandlich	1
6	bonum (Z. 12)	Gut, Gabe	NICHT: Vermögen	1
III.	**MORPHOLOGIE**		6	
1	feliciter (Z. 3)	WA (Adv. Pos.)	1	
2	pondus (Z. 4)	K. N.	1	
3	deditos (Z. 7)	PPP (Pl.)	1	
4	acrioribus (Z. 8)	Steigerung (Komp. N.)	1	
5	redi (Z. 10)	M. N.	1	
6	impediet (Z. 12)	P. N. T. D.	1	
IV.	**SYNTAX**		6	
1	exercendi lacertos (Z. 2)	erweitertes Gerundium	1	
2	cum (Z. 2)	GS: cum-Satz (konzessiv)	1	
3	sarcina (Z. 5)	Abl. instr.	1	
4	quarum (Z. 7)	GS: Relativsatz (bezogen auf *exercitationes*)	1	
5	copia (Z. 9)	Abl. instr.	1	
6	noctibus diebusque (Z. 10)	Abl. temp.	1	
V.	**QUALITÄT IN DER ZIELSPRACHE**		6/3/0	

ÜBERSETZUNGSTEXT		36	
I. TEXTSINN		**12**	
1	Ecclesia cum aestimatione quoque Muslimos respicit,	Die Kirche hat Hochachtung vor den Muslimen.	1
2	qui unicum Deum adorant misericordem omnipotentemque, homines allocutum,	Sie beten den alleinigen, barmherzigen und allmächtigen Gott an. Dieser hat zu den Menschen gesprochen.	1
3	cuius occultis decretis toto animo se submittere student,	Sie bemühen sich, sich seinen Ratschlüssen mit ganzer Seele zu unterwerfen,	1
4	sicut Deo se submisit Abraham, ad quem fides islamica libenter sese refert.	Abraham, auf den sich der Islam gerne beruft, hat sich so Gott unterworfen.	1
5	Iesum, quem quidem ut Deum non agnoscunt, ut prophetam tamen venerantur,	Jesus anerkennen sie allerdings nicht als Gott, sondern verehren ihn wie einen Propheten.	1
6	matremque eius virginalem honorant Mariam et aliquando devote invocant.	Seine jungfräuliche Mutter Maria verehren sie in Frömmigkeit.	1
7	Diem iudicii exspectant, cum Deus omnes homines resuscitatos remunerabit.	Sie erwarten den Tag des Gerichts, wenn Gott allen auferweckten Menschen vergilt.	1
8	Vitam moralem aestimant et Deum maxime in oratione, elemosynis et ieiunio colunt.	Sie schätzen ein sittliches Leben und verehren Gott im Gebet, durch Almosen und Fasten.	1
9	Quodsi in decursu saeculorum inter Christianos et Muslimos non paucae dissensiones inimicitiaeque exortae sint,	Es entstanden zwischen Christen und Muslimen viele Auseinandersetzungen und Feindschaften.	1
10	Sacrosancta Synodus omnes exhortatur,	Die heilige Synode ermahnt alle,	1
11	ut praeterita obliviscentes se ad comprehensionem mutuam sincere exerceant	sie sollen die Vergangenheit vergessen und sich um gegenseitiges Verständnis bemühen.	1
12	et pro omnibus hominibus iustitiam socialem, bona moralia necnon pacem et libertatem communiter tueantur et promoveant.	Sie sollen für alle Menschen soziale Gerechtigkeit, moralische Güter, Frieden und Freiheit schützen.	1
II.	**LEXIK**		**6**	
1	submittere (Z. 3)	unterwerfen	NICHT: nachsenden	1
2	refert (Z. 5)	beziehen auf	NICHT: zurücktragen	1
3	aliquando (Z. 7)	bisweilen	NICHT: einst	1
4	oratione (Z. 9)	Gebet	NICHT: Rede	1
5	saeculorum (Z. 10)	Jahrhundert; Zeit	NICHT: Ewigkeit	1
6	sincere (Z. 13)	aufrichtig	NICHT: rein	1
III.	**MORPHOLOGIE**		**6**	
1	submisit (Z. 4)	P. N. T. D.	1
2	venerantur (Z. 6)	P. N. T. D.	1
3	resuscitatos (Z. 8)	PPP	1
4	exortae sint (Z. 11)	P. N. T. D.	1
5	praeterita (Z. 12)	K. N.	1
6	communiter (Z. 15)	WA (Adv. Pos.)	1
IV.	**SYNTAX**		**6**	
1	(Deum …) allocutum (Z. 3)	Pc (vz. akt.)	1
2	occultis decretis (Z. 3)	Objekt im Dat. (zu submittere)	1
3	ad quem (Z. 4)	GS: Relativsatz	1
4	cum (Z. 7)	GS: cum-Satz (temporal)	1
5	Quodsi (Z. 10)	GS: (konditional)	1
6	obliviscentes (Z. 12–13)	Pc (gz. akt.)	1
V.	**QUALITÄT IN DER ZIELSPRACHE**		**6/3/0**	

ÜBERSETZUNGSTEXT			36	
I. TEXTSINN			12	
1	Ante omnia vero monstratum est non posse te assequi inter Christianos gloriam et potentatum,	Du kannst offensichtlich bei den Christen weder Ruhm noch Herrschaft erlangen.	1	
2	quem videris optare, maxime apud Europeos et occidentales populos, dum in tua secta perseveraveris	Dein Wunsch wird bei den europäischen und westlichen Völkern nicht erfüllt, solange du auf deinem Irrglauben bestehst.	1	
3	Quodsi velles Christianis initiari sacris, magnam tibi spem fecimus et potentiae et gloriae	Wenn du zum christlichen Glauben übertrittst, machen wir dir Hoffnung auf Ruhm und Herrschaft.	1	
4	Memento igitur verborum nostrorum et accipe fidele consilium	Erinnere dich an meine Worte und nimm einen ehrlichen Rat an!	1	
5	sume baptismum Christi et lavacrum Spiritus Sancti,	Empfange die Taufe und die Firmung!	1	
6	amplectere sacrosanctum Evangelium et illi te totum committe	Nimm das heilige Evangelium aus ganzem Herzen an!	1	
7	sic tuam animam lucrifacies,	Dadurch gewinnst du deine Seele.	1	
8	sic Turcarum populo bene consules,	So sorgst du gut für die Türken.	1	
9	sic pacis auctor et fundator quietis appellaberis,	So wirst du Stifter von Frieden und Ruhe genannt.	1	
10	sic te Turcae animarum suarum repertorem et Christiani suae vitae conservatorem vocabunt.	So nennen dich die Türken Wiederentdecker ihrer Seelen und die Christen Lebensretter.	1	
11	Syri, Aegyptii, Libyci, Arabes et, quaecumque sunt aliae gentes extra Christi caulas, aut his auditis, tuam viam sequentur	Syrer, Ägypter, Libyer, Araber und alle nichtchristlichen Völker folgen deinem Weg.	1	
12	aut tuis et Christianis armis parvo negotio domabuntur	Sie werden von dir und den Christen leicht unterworfen.	1	
II.	**LEXIK**		6	
1	monstratum (Z. 1)	z.B. zeigen, anzeigen	NICHT: sich auszeichnend, auffallend	1	
2	consilium (Z. 6)	z.B. Ratschlag, Rat	NICHT: Entschluss, Plan, Vorsatz, Versammlung	1	
3	animam (Z. 8)	z.B. Lebenskraft, Seele, Leben	NICHT: Luft, Atem, Hauch, Blut, Schatten, Geist	1	
4	consules (Z. 9)	z.B. sorgen für, jemandem helfen	NICHT: befragen, sich zufrieden geben mit, sich beraten	1	
5	vocabunt (Z. 11)	z.B. nennen	NICHT: herbeirufen	1	
6	negotio (Z. 14)	z.B. Arbeit, Mühe	NICHT: Aufgabe, Angelegenheit	1	
III.	**MORPHOLOGIE**		6	
1	vero (Z. 1)	WA (Adv.)	1	
2	initiari (Z. 4)	Inf. (T. D.)	1	
3	fidele (Z. 6)	K. N. G.	1	
4	illi (Z. 8)	Dem. pron. (K. N. G.)	1	
5	lucrifacies (Z. 8)	P. N. T. M. D.	1	
6	domabuntur (Z. 14)	P. N. T. M. D.	1	
IV.	**SYNTAX**		6	
1	non posse te assequi (Z. 1)	Acl (glz. akt.)	1	
2	optare (Z. 2)	Ncl (glz. akt.)	1	
3	potentiae (Z. 5)	Gen. obi.	1	
4	quaecumque (Z. 12)	GS: verallgemeinernder Relativsatz (bezogen auf *gentes*)	1	
5	his auditis (Z. 12–13)	Abl. abs.	1	
6	armis (Z. 13)	Abl. instr.	1	
V.	**QUALITÄT IN DER ZIELSPRACHE**		6/3/0	

ÜBERSETZUNGSTEXT		36	
I. TEXTSINN		**12**	
1	Ibi valde gratanter et amicabiliter illi tres sapientes acceperunt alterutrum commeatum;	Die drei Weisen verabschieden sich dankbar und freundlich voneinander.	1	
2	et quilibet ab alio petiit veniam, si in aliquo contra ipsius legem dixisset aliquod verbum rusticale,	Jeder bittet den anderen um Verzeihung für ein womöglich beleidigendes Wort gegen sein Gesetz.	1	
3	et invicem remiserunt sibi;	Sie verzeihen einander.	1	
4	et cum fuerunt ad hoc, quod debuerint separari, ait alter sapientium:	Bei der Trennung sagt einer der Weisen:	1	
5	„De fortuna, quae nobis accidit in foresta, sequeretur nobis aliqua utilitas, si videretur nobis,	„Aus unserer Erfahrung im Wald würde uns ein Nutzen erwachsen, wenn wir einen Beschluss fassten:	1	
6	quod semel in die disputaremus et sequeremur modum, quem Domina Intelligentia nobis dedit,	Wir diskutieren einmal am Tag und befolgen die Methode, die uns die Dame der Intelligenz gegeben hat.	1	
7	et tanto tempore duraret nostra disputatio, quousque omnes tres haberemus unam fidem tantum,	Unsere Diskussion dauert so lange, bis wir drei einen Glauben haben.	1	
8	et quod inter nos servaremus modum mutui honoris et servitii,	Wir achten und dienen uns gegenseitig.	1	
9	ut citius possemus concordare."	So können wir schneller zur Eintracht gelangen.	1	
10	Et ordinaverunt locum et horam, qua disputarent,	Sie vereinbaren Ort und Zeit für das Gespräch	1	
11	et modum, quomodo in disputatione sibi exhiberent servitium et honorem,	und eine respektvolle Diskussionskultur.	1	
12	ut in una fide et lege possent concordare.	So können sie in einem Glauben und einem Gesetz zur Eintracht gelangen.	1	
II.	**LEXIK**			**6**	
1	legem (Z. 3)	Gesetz, Heilige Schrift	NICHT: Vertrag, Recht	1	
2	invicem (Z. 3)	einander	NICHT: umgekehrt, andererseits	1	
3	accidit (Z. 5)	widerfahren	NICHT: niederfallen; schwächen	1	
4	fidem (Z. 9)	Glaube	NICHT: Treue, Zuverlässigkeit	1	
5	ordinaverunt (Z. 12)	vereinbaren	NICHT: reihen, ordnen	1	
6	exhiberent (Z. 13)	erweisen	NICHT: herbeischaffen; machen	1	
III.	**MORPHOLOGIE**		**6**	
1	gratanter (Z. 1)	WA (Adv.)	1	
2	petiit (Z. 2)	P. N. T. D.	1	
3	sapientium (Z. 5)	K. N.	1	
4	sequeremur (Z. 7)	P. N. D.	1	
5	mutui (Z. 10)	K. N.	1	
6	citius (Z. 10)	Steigerung (Komp. Adv.)	1	
IV.	**SYNTAX**		**6**	
1	si (Z. 2)	GS: Irrealer Konditionalsatz (Vght.)	1	
2	separari (Z. 4)	Infinitivkonstruktion (pass.)	1	
3	sequeretur (Z. 5–6)	Konj. im HS (Irrealis der Gw.)	1	
4	quem (Z. 7)	GS: Relativsatz (bezogen auf *modum*)	1	
5	ut (Z. 10)	GS: ut-Satz (final oder konsekutiv)	1	
6	qua (Z. 12)	GS: Finaler Relativsatz (bezogen auf *horam*)	1	
V.	**QUALITÄT IN DER ZIELSPRACHE**		**6/3/0**	

Liebe Schülerin, lieber Schüler!

Abschließend bieten wir Ihnen eine Zusammenfassung der wesentlichen Informationen zur mündlichen kompetenzorientierten Matura in Latein[1].

Für die mündliche Reifeprüfung werden für das sechsjährige Latein 18, für das vierjährige Latein 14 Themenbereiche[2] festgelegt. Bei der Reifeprüfung ziehen Sie als Kandidatin oder Kandidat zwei Themenbereiche, von denen Sie einen auswählen müssen. Von der Lehrkraft erhalten Sie dann eine kompetenzorientierte Aufgabenstellung, die eine Reproduktionsleistung, eine Transferleistung und eine Leistung im Bereich der Reflexion und Problemlösung erfordert.

Die Aufgabenstellungen decken wesentliche Gesichtspunkte des Themenbereichs ab und setzen sich aus Ausgangstexten, Vergleichsmaterial und Arbeitsaufträgen zusammen. Für die Beantwortung stehen 10 bis 20 Minuten zur Verfügung[3].

Für die Ausgangstexte wird im Vorfeld der Reifeprüfung auf Basis der im Unterricht erfolgten Lektüre eine Textgrundlage[4] vereinbart. Die Länge der Ausgangstexte, die ohne Anmerkungen vorgelegt werden, liegt zwischen 60 und 90 Wörtern. Das Wörterbuch dürfen Sie verwenden. Bei der Arbeit mit dem Text geht es vor allem um die sogenannte „Reproduktionsleistung", d.h. um Anforderungen wie paraphrasieren, analysieren, zusammenfassen, einordnen etc.

Vergleichsmaterial können lateinische bzw. griechische Paralleltexte (mit oder in Übersetzung), Texte in deutscher Sprache, Bilder, Karikaturen, Münzen, Film- oder Tondokumente u.v.a.m. sein. Diese Materialien dienen im Vergleich mit den Ausgangstexten der Überprüfung der Kompetenzen im Bereich des Transfers und der Reflexion: charakterisieren, vergleichen, nachweisen, erklären, begründen, widerlegen, Stellung nehmen, etc. Die Gesamtwortzahl der Paralleltexte beträgt maximal 200 Wörter.

Tipps:

Da die Überprüfung der Übersetzungskompetenz nicht Bestandteil der mündlichen Reifeprüfung ist, wird von Ihnen nicht die isolierte Übersetzung des vorgelegten Textes verlangt, sondern der kompetenzorientierte Umgang mit dem Text bzw. seiner Aussage[5].

Genauere Informationen zu den Kompetenzen, welche bei der mündlichen Reifeprüfung überprüft werden, finden Sie im Leitfaden zur mündlichen Reifeprüfung aus Latein und Griechisch[6].

---

1 Die letzte Fassung des Leitfadens zur Mündlichen Reifeprüfung (Stand: April 2014) finden Sie auf: https://www.bmbwf.gv.at/Themen/schule/schulpraxis/zentralmatura/srdp_ahs/mrp_flf.html. Im Jahr 2017 wurden die Themenbereiche reduziert (Langform: 18, Kurzform: 14). Diese Reduktion ist in der vorliegenden Broschüre noch nicht erfasst. Im Allgemeinen wird durch die Reduktion der Themenbereiche von folgender reduzierter Textgrundlage ausgegangen: Langform: 3500–4500 Wörter, Kurzform: 2500–3500 Wörter.

2 Die Ausführungen fassen die wesentlichen Grundzüge der neuen mündlichen Reifeprüfung in Latein aus dem im Herbst 2011 veröffentlichten Leitfaden für Latein und Griechisch, www.bmukk.gv.at/medienpool/21679/reifepruefung_ahas_lflatgr.pdf, zusammen. Vergleiche auch die allgemeinen Grundlagen zur mündlichen Reifeprüfung, www.bmukk.gv.at/medienpool/20710/reifepruefung_ahs_lfm.pdf auf der Homepage des BMUKK. Ein wichtiges Dokument ist weiters die Verordnung über die Reifeprüfung in den allgemein bildenden höheren Schulen vom 30. Mai 2012, http://www.bmukk.gv.at/medienpool/22504/bgbl_ii_nr_174_2012.pdf.

3 Die Themenbereiche werden von den Lehrkräften individuell festgelegt und von der Fachlehrerinnen- und Fachlehrerkonferenz beschlossen.

4 Beispiele finden Sie in der Broschüre auf https://www.bmbwf.gv.at/Themen/schule/schulpraxis/zentralmatura/srdp_ahs/mrp_flf.html, S. 20-48.

5 Langform Latein: 3500–4500 Wörter, Kurzform Latein: 2500–3500 Wörter

6 Siehe Leitfaden, S. 15–19.

A

Abl. abs.	Ablativus absolutus
Abl. instr.	Ablativus instrumentalis
Abl. qual.	Ablativus qualitatis
Abl. temp.	Ablativus temporis
Abl.	Ablativ
AcI	Accusativus cum Infinitivo
Adj.	Adjektiv
Adv.	Adverb
Akk.	Akkusativ
akt.	aktiv

D

D.	Diathese
Dat. comm.	Dativus commodi
Dat. poss.	Dativus possessivus
Dat.	Dativ
Dem. pron.	Demonstrativpronomen
Dep.	Deponens
dopp. Akk.	doppelter Akkusativ

F

f.	feminin
gek.	gekürzt
Fut. ex.	Futurum exactum
Fut.	Futur

G

G.	Genus
Gen. obi.	Genetivus obiectivus
Gen. subi.	Genetivus subiectivus
Gen.	Genetiv
GS	Gliedsatz
Gw.	Gegenwart
gz.	gleichzeitig

H

HS	Hauptsatz

I

Imp.	Imperativ
Imperf.	Imperfekt
Ind.	Indikativ
Inf.	Infinitiv
Interr. pron.	Interrogativpronomen

K

K.	Kasus
Komp.	Komparativ
Konj.	Konjunktiv

M

m.	maskulin
M.	Modus
max.	maximal

N

n.	neutrum
N.	Numerus
NcI	Nominativus cum Infinitivo
Nom.	Nominativ

P

p.	pagina
P.	Person
Part.	Partizip
pass.	passiv
Pc	Participium coniunctum
Perf.	Perfekt
Pl.	Plural
Pos.	Positiv
PPA	Partizip Perfekt Aktiv
PPP	Partizip Perfekt Passiv
PPrA	Partizip Präsens Aktiv
Präs.	Präsens

R

Rel. pron.	Relativpronomen

S

S.	Seite
Sg.	Singular

T

T.	Tempus

V

vz.	vorzeitig
Vght.	Vergangenheit

W

WA	Wortart

Z

Z.	Zeile

1. Das offizielle **Gegenstandsportal** im Auftrag des BMUKK für das Fach Latein https://latein.edugroup.at: Im Bereich „Leistungsbeurteilung" finden Sie alle Unterlagen zur Leistungsbeurteilung NEU im Hinblick auf die standardisierte kompetenzorientierte Matura: Erstellung und Korrektur von Schularbeiten, schriftliche Matura, mündliche Matura und VWA.

2. W. Freinbichler, P. Glatz, F. Schaffenrath: **Grundsätze zur schriftlichen Reifeprüfung in Griechisch und Latein** https://www.matura.gv.at/downloads/download/grundsaetze-des-korrektursystems-zur-schriftlichen-reifepruefung-in-griechisch-und-latein-aktualisiert: Ein grundlegender Aufsatz für das Verständnis der neuen Aufgabenformate und Korrekturformen.

3. **Rechtsgrundlagen und Leitlinien zur kompetenzorientierten Leistungsfeststellung und Leistungsbeurteilung in den klassischen Sprachen Latein und Griechisch** https://www.matura.gv.at/downloads/download/consensus: Auf der Basis des Schulunterrichtsgesetzes (SchUG § 18 ff.), der Leistungsbeurteilungsverordnung (LBVO) und des Lehrplans bietet das Dokument auf 78 Seiten alle wesentlichen Informationen zur Leistungsbeurteilung, den Unterschieden zwischen den Kompetenzmodellen für vierjähriges und sechsjähriges Latein und zur Gestaltung von Schularbeiten.

4. **Kompetenzmodell** für Latein https://www.matura.gv.at/downloads/download/kompetenzmodell-latein

5. **Bausteine** zum Erstellen von Schularbeiten (ÜT + IT) https://www.matura.gv.at/downloads/download/bausteine-zum-erstellen-von-schularbeiten-uet-und-it (Fassung 26.02.2019): Das Dokument erleichtert die Erstellung von Schularbeiten und bietet auch Vorgaben bzw. Vorschläge für die Korrektur und Bewertung der einzelnen Aufgabenstellungen.

6. Hermann Niedermayr, Anna Pinter: **Herausforderungen der neuen Reifeprüfung – Tipps für eine zielführende Vorbereitung**, in: Latein Forum 76/2012, S. 1–14: Ein kompakter und effizienter Erfahrungsbericht, der zahlreiche wertvolle Tipps für die Erstellung von Schularbeiten bietet.

7. **Mindeststandards** für die schriftliche Reifeprüfung in Griechisch und Latein https://www.matura.gv.at/downloads/download/mindeststandards-fuer-die-schriftliche-reifepruefung-aus-griechisch-und-latein: Im Gegensatz zum Kompetenzmodell, das die Maximalstandards enthält, bietet dieses Dokument die Definition des minimal kompetenten Schülers (MKS). Nach allgemeinen theoretischen Überlegungen zum Kompetenzbegriff im altsprachlichen Unterricht und zur Ermittlung eines Minimalstandards werden die Definitionen des MKS im sechsjährigen bzw. im vierjährigen Latein, jeweils für ÜT und IT, geboten.

8. **Beurteilungsdimension „Qualität in der Zielsprache"** https://www.matura.gv.at/downloads/download/beurteilungsdimension-qualitaet-in-der-zielsprache: Nach Vorstellung eines Kriterienkatalogs werden anhand von je zwei Beispielperformanzen die drei Niveaustufen (A, B, C) sowohl für L6 als auch L4 beschrieben.

9. Vorausgesetztes Sachwissen Griechisch & Latein: https://www.matura.gv.at/downloads/download/vorausgesetztes-sachwissen-griechisch-latein

10. Die kompetenzorientierte **mündliche Reifeprüfung** Latein und Griechisch https://www.bmbwf.gv.at/Themen/schule/schulpraxis/zentralmatura/srdp_ahs/mrp_flf.html: Das Dokument auf der Homepage des BMBWF bietet Richtlinien und Beispiele für Themenpool und Prüfungsaufgaben.

Gemeinsam besser lernen mit …

Medias In Res! Wortschatztraining NEU

für das vierjährige und sechsjährige Latein L4, L6

Wolfram Kautzky, Günther Lackner

80 Seiten, 17 x 24 cm
SBNR 200.588

Das Wortschatztraining unterstützt beim Aufbauen und Pflegen eines ausreichenden Wortschatzes - der besten Basis für zügiges und sinnerfassendes Übersetzen:

- Grundwortschatz: Die Gliederung in 26 Themen hilft, beim Lernen die Zusammenhänge zwischen den verschiedenen Wörtern besser zu erkennen und sie sich dadurch leichter einzuprägen.
- Erweiterungswortschatz: In 15 Themenkreisen sind Vokabel, die für die Lektüre der einzelnen Oberstufen-Module besonders wichtig sind, zusammengestellt.

Medias In Res! Top in Form(en)

Deklinations- und Konjugationstraining

Wolfram Kautzky, Oliver Hissek

80 Seiten, A4
ISBN 978-3-7058-8962-0

Zugegeben: Die lateinische Formenlehre ist nicht immer ganz einfach. Um sich die Formen einzuprägen, sie erkennen und bilden zu können, muss man sie systematisch üben - und das am besten schriftlich. Zu diesem Zweck sind in diesem Formentrainingsheft alle relevanten Muster zur Abwandlung von Substantiven, Adjektiven, Pronomen und Verben zusammengestellt. In die vorgegebenen Tabellen müssen die fehlenden Formen eingetragen werden. Bei jeder Übung ist angeführt, ab welcher Lektion in Medias in res! man sie absolvieren kann. So ist man in kurzer Zeit top in Form(en)!

Lösungen

Die Lösungen zur (Selbst)Kontrolle sind im Internet abrufbar (http://medias-in-res.veritas.at).

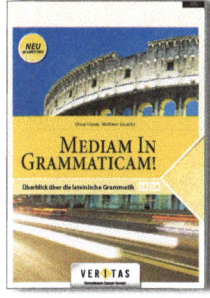

Mediam In Grammaticam!

Überblick über die lateinische Grammatik

Wolfram Kautzky, Oliver Hissek

48 Seiten, 17 x 24 cm
SBNR 170.273

Mediam In Grammaticam! ist ein bewährtes Vademecum, das SchülerInnen durch ihre gesamte Latein-Karriere begleitet. Es enthält die wichtigsten Kapitel der lateinischen Formenlehre und Syntax - in übersichtlicher Form mit vielen Tabellen und ohne allzu lange Erklärungen.

VERITAS überprüft sorgfältig alle im Produkt angegebenen Suchbegriffe und Links, kann jedoch keine Haftung übernehmen, falls diese zu Websites führen, die zwischenzeitig geändert, entfernt oder kostenpflichtig wurden bzw. nicht schülergerecht sind. Die Nutzung erfolgt daher in eigener Verantwortung.

© VERITAS-VERLAG, Linz / 2012
Alle Rechte vorbehalten, insbesondere das Recht der Verbreitung (auch durch Film, Fernsehen, Internet, fotomechanische Wiedergabe, Bild-, Ton- und Datenträger jeder Art) oder der auszugsweise Nachdruck

3. Auflage (2020)

Auf umweltfreundlichem Papier gedruckt bei: siehe https://produkt.veritas.at/31038#additional
Lektorat: Lisa-Marie Linhart, Barbara Strobl-Kirnbauer
Herstellung: Andrea Hackl
Bildredaktion: Susanne Suk
Umschlaggestaltung und Layout: Andrea Hackl
Satz: Harald Leiter, Wien
Schulbuchvergütung/Bildrechte: © VBK/Wien
Alle Ausschnitte mit Zustimmung der VBK/Wien

Dieses Werk ist für den Schul- und Unterrichtsgebrauch bestimmt. Es darf gemäß § 42 (6) des Urheberrechtsgesetzes auch für den eigenen Unterrichtsgebrauch nicht vervielfältigt werden.

Der Verlag hat sich bemüht, alle Rechtsinhaber ausfindig zu machen. Sollten trotzdem Urheberrechte verletzt worden sein, wird der Verlag nach Anmeldung berechtigter Ansprüche diese entgelten.

ISBN 978-3-7058-9405-1

Für weitere Informationen steht Ihnen gerne Ihre VERITAS-K undenberatung zur Verfügung.
Rufen Sie einfach an, schicken Sie ein Fax oder ein E-Mail!
Tel. 0043/(0)732/776451/2280, Fax: 0043/(0)732/776451/2239
E-Mail: kundenberatung@veritas.at
Besuchen Sie uns auf unserer Website www.veritas.at